MARCO POLO

MALAYSIA

MARCO POLO KOAUTOR
Mischa Loose

Südostasien ist seine zweite Heimat: Auf ausgedehnten Reisen hat Mischa Loose die zahlreichen Facetten Malaysias kennen- und lieben gelernt. Die großen Städte des Vielvölkerstaats haben es ihm dabei ebenso angetan wie die tropische Natur und die freundlichen Menschen. Und selbst nach über 30 Jahren entdeckt er immer wieder Neues in der südostasiatischen Schatztruhe Malaysia.

REIN INS ERLEBEN

Mit dem digitalen Service von MARCO POLO sind Sie noch unbeschwerter unterwegs: Auf den Erlebnistouren zielsicher von A nach B navigieren oder aktuelle Infos abrufen – das und mehr ist nur noch einen Fingertipp entfernt.

Hier geht's lang zu den digitalen Extras:

http://go.marcopolo.de/mls

Touren-App

Ganz einfach orientieren und jederzeit wissen, wo genau Sie gerade sind: Die praktische App zu den Erlebnistouren sorgt dank Offline-Karte und Navigation dafür, dass Sie immer auf dem richtigen Weg sind. Außerdem zeigen Nummern alle empfohlenen Aktivitäten, Genuss-, Kultur- und Shoppingtipps entlang der Tour an.

HTTP://GO.MARCOPOLO.DE/MLS

Update-Service

Immer auf dem neuesten Stand in Ihrer Destination sein: Der Online-Update-Service bietet Ihnen nicht nur aktuelle Tipps und Termine, sondern auch Änderungen von Öffnungszeiten, Preisen oder anderen Angaben zu den Reiseführerinhalten. Einfach als PDF ausdrucken oder für Smartphone, Tablet oder E-Reader herunterladen.

SYMBOLE

INSIDER TIPP	Insider-Tipp
★	Highlight
●●●●	Best of ...
	Schöne Aussicht
	Grün & fair: für ökologische oder faire Aspekte
(*)	kostenpflichtige Telefonnummer

PREISKATEGORIEN HOTELS

€€€	über 60 Euro
€€	30–60 Euro
€	unter 30 Euro

Preise für zwei Personen im Doppelzimmer ohne Frühstück

PREISKATEGORIEN RESTAURANTS

€€€	über 16 Euro
€€	8–16 Euro
€	unter 8 Euro

Preise für eine Mahlzeit mit Vor-, Haupt- und Nachspeise in westlichen Restaurants oder für zwei bis drei Gerichte in einheimischen Lokalen

 Titelthemen: Sepilok Orang Utan Rehabilitation Centre S. 95 | Canopy Walkways S. 112

GUT ZU WISSEN
Geschichtstabelle → S. 14
Spezialitäten → S. 28
Hillstations → S. 48
Bücher & Filme → S. 64
Wohngemeinschaften → S. 78
Waldmenschen → S. 84
Feiertage → S. 115
Was kostet wie viel? → S. 120
Währungsrechner → S. 121
Wetter → S. 122

KARTEN IM BAND
(130 A1) Seitenzahlen und Koordinaten verweisen auf den Reiseatlas
(0) Ort/Adresse liegt außerhalb des Kartenausschnitts
Es sind auch die Objekte mit Koordinaten versehen, die nicht im Reiseatlas stehen
(U A1) Koordinaten für die Karte von Kuala Lumpur im hinteren Umschlag

(A–B 2–3) verweist auf die herausnehmbare Faltkarte
(a–b 2–3) verweist auf die Zusatzkarte auf der Faltkarte

UMSCHLAG VORN:
Die wichtigsten Highlights

UMSCHLAG HINTEN:
Stadtplan von Kuala Lumpur

Die besten MARCO POLO Insider-Tipps

Von allen Insider-Tipps finden Sie hier die 15 besten

INSIDER TIPP Geselliges Abendessen
Das *Red Garden Food Paradise* in Georgetown ist immer gut besucht, bietet eine große kulinarische Vielfalt und ein unterhaltsames Rahmenprogramm → S. 36

INSIDER TIPP Die Pracht eines Klanhauses
Ein Besuch des reich verzierten *Khoo-Kongsi-Klanhauses* (Foto o.) in Georgetown führt Ihnen die historische Bedeutung der chinesischen Klans eindrucksvoll vor Augen. Mehr über ihre Kultur und Geschichte erfahren Sie im Museum → S. 35

INSIDER TIPP Stilvolles Kleinhotel
Im *Hotel Puri*, einem alten, sorgsam restaurierten Stadthaus in Melaka, wohnen die Gäste in Zimmern im Peranakan-Stil → S. 53

INSIDER TIPP Ein heißes Bad ...
... erquickt die müden Glieder nach einer anstrengenden Trekkingtour am Mount Kinabalu: *Poring Hot Springs* → S. 92

INSIDER TIPP Schlemmermeile
Lassen Sie sich in der *Jalan Alor Food Street* in Kuala Lumpur zu einem ebenso exotischen wie leckeren Dinner unter freiem Himmel verleiten (Foto re.) → S. 45

INSIDER TIPP Thailändisches Flair
Einen Eindruck von der Architektur des nördlichen Nachbarlands vermitteln die *Wats*, die buddhistischen Tempel, in der Umgebung von Kota Bharu → S. 62

INSIDER TIPP Abgelegene Dschungelgebiete
Naturnah, aber dennoch komfortabel und exklusiv können Sie im *Danum Valley* nahe Sandakan übernachten – das Schutzgebiet liegt mitten im Dschungel → S. 93

INSIDER TIPP Drinks mit Aussicht
Genießen Sie auf dem Dach der spektakulär gelegenen *Heli Lounge Bar* den phantastischen Ausblick auf das bunte Lichtermeer der Metropole Kuala Lumpur → S. 46

INSIDER TIPP Unvergessliches Naturspektakel

Sie folgen dem Lockruf der Nacht und der Natur: Auf der Suche nach Futter verlassen Abend für Abend Millionen von Fledermäusen die große *Deer Cave* im Gunung Mulu National Park → S. 83

INSIDER TIPP Blick in ein empfindliches Ökosystem

Bei einer spaßigen, deutschsprachigen *Mangroventour* mit Peter Höfinger durch die Küstenlandschaft Langkawis werden Sie jede Menge Interessantes über diesen undurchdringlichen Mikrokosmos und seine tierischen Bewohner erfahren → S. 57

INSIDER TIPP Endlose, einsame Strände

In Sabah können Sie nahe *Tuaran* kilometerweit am Wasser entlangspazieren. Unvergesslich wird Ihr Aufenthalt an den Traumstränden, wenn Sie eins der Luxusresorts als Bleibe wählen → S. 90

INSIDER TIPP Die schönste Abkühlung

Die kristallklaren Kaskaden des Wasserfalls *Telaga Tujuh* auf Langkawi verlocken dazu, ins kühle Nass zu hüpfen → S. 55

INSIDER TIPP Wie Tarzan im Dschungel

Nicht nur für Kinder ist es ein Abenteuer, sich auf einem *Canopy Walkway* durch die Baumwipfel der Urwaldriesen zu bewegen. Schwindelfrei sollte man allerdings dafür schon sein → S. 112

INSIDER TIPP Gourmetspeise mit Scheren

In Kemaman (Cukai) wartet im Restaurant *Tong Juan* eine ganz besondere Spezialität auf alle, die gern Meerestiere essen: gefüllte Krebse → S. 69

INSIDER TIPP Das schönste Musikfestival

Lassen Sie sich mitreißen, und tanzen Sie beim *Rainforest World Music Festival* im Sarawak Cultural Village zu Klängen aus aller Welt → S. 80

BEST OF ...

TOLLE ORTE ZUM NULLTARIF

Neues entdecken und den Geldbeutel schonen

SPAREN

Bunte Blumenpracht

Wenn Sie in Kuala Lumpur Ruhe und Erholung vom Stadttrubel suchen, werden Sie die den *Perdana Botanical Garden* lieben. Der Eintritt zum idyllischen Orchideengarten mit über 200 Arten und dem angrenzenden Hibiskusgarten ist wochentags frei → S. 44

Höhlen mit religiösem Hintergrund

Die 12 km nördlich von Kuala Lumpur gelegenen *Batu Caves* zählen zu den wichtigsten religiösen Kultstätten der malaysischen Hindus – und ihr Besuch ist kostenlos (Foto) → S. 47

Anschauliche Teeproduktion

Gratis sind die Führungen durch das *Sungai Palas BOH Tea Estate* in den Cameron Highlands. Im modernen Teehaus mit Blick auf die grüne Plantage probieren Sie frisch aufgegossene Mischungen → S. 48

Tropische Natur zum Nulltarif

Der *Botanische Garten* in Georgetown liegt zwischen dschungelbedeckten Hügeln, kostet keinen Eintritt und belegt die Vielfalt der tropischen Flora. Für Neulinge interessant: das Gebiet Primärdschungel → S. 34

Der größte buddhistische Tempel

Der im Zentrum der Insel Penang gelegene Tempel *Kek Lok Si* wird Ihnen nicht nur wegen der alles überstrahlenden, 30 m hohen Statue der Göttin der Barmherzigkeit in Erinnerung bleiben. Sie müssen nur eine kleine Spende entrichten → S. 34

Malaiische Kultur zum Anfassen

Klassische Tänze und Musik, Schattenspiel, Selbstverteidigung, Kreiselwettkämpfe: Das Eintauchen in die malaiische Kultur im *Gelanggang Seni* in Kota Bharu kostet keinen Cent → S. 59

Katzen in allen Formen und Farben

Freunde unserer liebsten schnurrenden Haustiere kommen im eintrittsfreien *Cat Museum* in Kuching voll auf ihre Kosten → S. 74

Diese Punkte zeichnen in den folgenden Kapiteln die Best-of-Hinweise aus

TYPISCH MALAYSIA

Das erleben Sie nur hier

● *Kunsthandwerk aus allen Landesteilen*

Das Kunstgewerbe des Landes ist variantenreich und geht weit über einfache Batiken und Sarongs hinaus. In den staatlichen Zentren ***Kompleks Kraf*** wie dem auf Langkawi wird die ganze Bandbreite präsentiert → S. 56

● *Die erste Fusionsküche der Welt*

Die von den ersten chinesischen Einwanderern geprägte *Nyonya-Küche* verbindet chinesische Zubereitungsarten mit malaiischen Gewürzen – zu probieren in den Restaurants in Melaka → S. 52

● *Multikulti, wie es sein sollte*

Bei einem Spaziergang durch die *Straße der Harmonie* in der Altstadt von Georgetown wird Ihnen die facettenreiche Bevölkerungsmischung ins Auge fallen. Schon seit Jahrhunderten leben hier verschiedene Ethnien und Religionen Seite an Seite → S. 35

● *Einer der ältesten Dschungel unseres Planeten*

Beim Trekking durch den über 130 Mio. Jahre alten *Taman Negara National Park* (Foto) können Sie auch ohne Guide den tropischen Urwald erforschen. Besonders aufregend ist eine Nachtwanderung → S. 70

● *Unberührte Unterwasserwelt*

Das Riff rund um die Insel *Pulau Sipadan* zählt zu den beliebtesten Tauchgebieten Südostasiens, denn es ist von menschlichen Eingriffen fast komplett verschont geblieben und überwältigt mit seinem Fisch- und Farbenreichtum → S. 94

● *Ein multikulturelles Erlebnis*

Im *Sarawak Cultural Village* wird Ihnen die eindrucksvolle ethnische Vielfalt Malaysias vor Augen geführt. Neben den Volksstämmen Borneos wird auch die Kultur der Malaien und die der Chinesen vorgestellt → S. 79

● *Unsere nächsten Verwandten*

Bei einem Besuch des *Sepilok Orang Utan Rehabilitation Centre* können Sie die sanften Menschenaffen aus nächster Nähe kennenlernen und mehr über ihre Lebensweise und die vom Menschen ausgehenden Gefahren lernen → S. 95

TYPISCH

BEST OF ...

SCHÖN, AUCH WENN ES REGNET

Aktivitäten, die Laune machen

Unter den höchsten Türmen des Landes

Unter den Petronas Twin Towers in Kuala Lumpur bummeln Sie durch das *KLCC,* eine Mall zum Staunen mit Aquarium, Museen, Galerien, Cafés und Restaurants → S. 45

Das perfekte Souvenir erstehen

Während es draußen in Strömen gießt, bleiben Sie im *Central Market* von Kuala Lumpur schön trocken und stöbern zwischen Kunsthandwerk nach idealen Souvenirs → S. 42

Spaß für die ganze Familie

Die *Sunway Lagoon* nahe Petaling Jaya ist der beliebteste Freizeitpark des Landes – ideal, um bei Schlechtwetter im Wasserpark zu baden oder sich in fünf Themenparks zu vergnügen → S. 113

REGEN

Lebendige Geschichte

Beim Besuch der beiden historischen Stadthäuser *The Blue Mansion* und *Pinang Peranakan Mansion* in Georgetown erhalten Sie einen Einblick in den Lebensstil der reichen Nyonya → S. 34

Leben in den Weltmeeren

In der *Underwater World* auf Pulau Langkawi präsentiert sich Ihnen die einheimische Unterwasserwelt in all ihrer Vielfalt → S. 55

Nicht nur für historisch Interessierte

Das *Terengganu-Nationalmuseum* in Kuala Terengganu (Foto) beherbergt neben historischen und naturkundlichen Sammlungen auch lebensgroße Nachbauten von Schiffen und traditionelle Häuser → S. 63

Natürliche Schönheit und Kletterabenteuer

Im *Gunung Mulu National Park* in Sarawak können Sie einige der spektakulärsten Kammern des weltweit größten Höhlensystems erkunden. Für Abenteuerlustige: das *Adventure Caving* → S. 82

ENTSPANNT ZURÜCKLEHNEN

Durchatmen, genießen und verwöhnen lassen

ENTSPANNT

Indische und malaiische Tanzkultur

Beim Besuch des Musicals *MUD – Our Story of Kuala Lumpur* gönnen Sie den vom Shopping und Sightseeing müden Füßen eine Pause und lassen sich von der farbenfrohen Show verzaubern → S. 46

Hoch über der Insel

Mit der *Langkawi Cable Car* schweben Sie über die dschungelbedeckten, zerklüfteten Berge auf eine spektakulär konstruierte Aussichtsplattform in 709 m Höhe. Bei gutem Wetter können Sie von hier aus die benachbarten thailändischen Inseln erspähen → S. 55

Komfort und Romantik zu Wasser

Ein Segeltörn in den Gewässern vor Langkawi mit *Tropical Charters* sorgt für einen entspannten Tag vor prächtiger Naturkulisse. Oder darf's ein romantisches Dinner zum Sonnenuntergang sein? → S. 57

Lebendige chinesische Teekultur

Die Teezeremonie im *Purple Cane Tea House* in Ipoh macht ihrem Namen alle Ehre. Und danach wählen Sie eine der leckeren mit Tee zubereiteten Köstlichkeiten als Abendessen → S. 39

Sand und Sonne satt

Die beiden Inseln *Pulau Perhentian Kecil* und *Besar* sind ein echter Tropentraum: mit weißen, lang gezogenen Stränden, farbenprächtigen Korallenriffen und tropischen Regenwäldern → S. 62

Das andere Malaysia

Ein Spaziergang zum Sonnenuntergang entlang der *Waterfront Promenade* in Kuching (Foto) – und Ihnen fällt sofort auf, wie entspannt Sarawak ist → S. 76

Nasenaffen beim Abendessen

Bei einer gemütlichen abendlichen Bootstour auf dem *Kinabatangan River* sehen Sie Nasenaffen und Nashornvögel, mit Glück auch Elefanten und Krokodile. Und Sie müssen nicht einmal schwitzend durch den Dschungel kraxeln → S. 94

AUFTAKT

ENTDECKEN SIE MALAYSIA!

Sanft schwebt das Flugzeug über das Meer und die weiten Ölpalmplantagen, um schließlich auf dem modernen Airport von ***Kuala Lumpur*** aufzusetzen. „Sind wir wirklich in einem Schwellenland?", werden Sie sich ungläubig fragen. Das Staunen wird sich auf dem Weg in die Hauptstadt verstärken. Mit der ***superschnellen S-Bahn*** (KLIA Ekspres) oder einem komfortablen Taxi fahren Sie vorbei an modernen Trabantenstädten und riesigen Industriezentren bis ins Zentrum Kuala Lumpurs. Mit einer beeindruckenden ***Mischung aus Altem und Neuem***, aus chromglänzenden Wolkenkratzern neben historischen Kolonialbauten und alten Gotteshäusern erwartet Sie schließlich Malaysias Hauptstadt.

Hier können Sie beim Schlendern durch Seitengassen oder über einen der farbenfrohen Märkte den ***Zauber des Fernen Ostens*** erleben. In Chinatown dringt der Duft von Räucherstäbchen aus den Tempeln, während Straßenverkäufer nebenan lautstark ihre Waren anpreisen. Weiter nördlich wird es rund um die Lebuh Ampang farbenfroh indisch: ***Bollywood-Musik*** schallt aus den Geschäften, die bunte Stoffe, Goldschmuck oder Blumengirlanden feilbieten. Auf den Bürgersteigen buhlen ***Wahrsager und Handleser*** um Kundschaft. In stilvollen Hotels trifft man sich hingegen zum kultivierten

Bild: Fischadler im Kilim Geoforest Park

Der größte buddhistische Tempel des Landes erstrahlt in vielen Farben: Kek Lok Si

Fünf-Uhr-Tee, wie man es schon in der ***britischen Kolonialzeit*** getan hat, oder man begibt sich in klimatisierten Konsumtempeln auf die Suche nach den ***neuesten technischen Gadgets*** – überall fallen markante Gegensätze ins Auge. So auch außerhalb der Hauptstadt: Etwa eine halbe Stunde Autofahrt südlich von Kuala Lumpur wurde die neue Verwaltungshauptstadt Putrajaya aus dem Boden gestampft, voller Paradebeispiele moderner malaiisch-islamischer Architektur, ausgedehnter Grünflächen und künstlich angelegter Seen, über die sich imposante Brücken spannen. Die Städte an der Westküste der Halbinsel dagegen können auf eine lange Geschichte zurückblicken. Melaka und Penang sind ehemalige Straits Settlements, Niederlassungen der ***Britischen Ostindien-Kompanie***, die 1826 an der Straße von Melaka gegründet wurden. Ihre Vergangenheit spiegelt sich in einer Vielzahl von historischen Bauten, Tempeln und Traditionen.

Moderne Technik, Fünf-Uhr-Tee und der Zauber des Fernen Ostens

35 000 v. Chr. Ein 1958 in den Niah-Höhlen entdeckter Schädel beweist: In der Altsteinzeit lebten Menschen auf Borneo

Ab ca. 200 v. Chr. Indische Händler führen die Sprache Sanskrit und die buddhistisch-hinduistische Kultur ein

1414 Melakas Herrscher Parameshwara tritt zum Islam über

1641 Holland erobert Melaka und Westmalaysia

1824 Holland überlässt Großbritannien die malaiische Halbinsel

Lebendig werden diese Orte durch ***Malaysias liebenswerte Menschen***, die Fremden gegenüber sehr aufgeschlossen sind. Besonders wenn Sie wenigstens ein paar Begrüßungsformeln in der Landessprache Bahasa Melayu formulieren können, werden Sie schnell von den Einheimischen ins Herz geschlossen werden. Malaysier sind noch immer überrascht, wenn tatsächlich *Orang Puteh*, die Weißen, ***ein paar Worte Malaiisch*** sprechen. Aber auch mit Englisch werden Sie keine Verständigungsprobleme haben, ist die Sprache doch sehr weit verbreitet.

Traumhaft schönes Land voller Gegensätze

Außerhalb der Städte lockt Malaysia mit tropischer Natur, schönen Dschungelgebieten, lang gezogenen Sandstränden und bunten Korallenriffen. Der Westen ist der am dichtesten besiedelte und am meisten entwickelte Landesteil. Im Umkreis des Zentralgebirges, das die Halbinsel praktisch der Länge nach halbiert, finden sich einige der schönsten Nationalparks mit ***tropisch-grünen Regenwäldern***. Doch auch auf den entwickelten Inseln Penang und Langkawi an der Westküste locken leicht zugängliche Tropenwälder, Mangroven und Schutzgebiete. ***Endlos lange, einsame weiße Sandstrände*** und Dörfer mit traditionellen Holzhäusern finden sich vornehmlich an der Ostküste und vor den vielen Inseln, laden Korallenbänke zum Tauchen oder Schnorcheln ein.

Die größten natürlichen Highlights des Landes befinden sich jedoch auf der ***Insel Borneo***, in den Bundesstaaten Sarawak und Sabah, die beide verhältnismäßig dünn besiedelt sind. Entlang der Flüsse sind bereits früh Iban und andere Bevölkerungsgruppen ins Landesinnere vorgedrungen, ihre Dörfer können Sie im Rahmen geführter Touren besuchen. Auf Borneo liegen zudem ***spektakuläre Höhlensysteme***, unberührte Korallenriffe und der mit 4095 m höchste Berg des Landes, Mount Kinabalu. Ganz zu schweigen von der phantastischen Vielfalt der Flora und Fauna, die Sie entdecken können: bizarre Stabinsekten, riesige Nachtfalter, ***skurrile Nasenaffen und sanftmütige Orang-Utans***, aggressive Schlingpflanzen, saftig grüne Urwaldriesen und die größte Blüte der Welt, die Rafflesia.

Besonders vor der Küste von Sabah liegen eine ganze Reihe kleiner Inseln, die Taucher mit den schönsten Korallenriffen Malaysias begeistern. Auf Borneo befanden

1941/42
Japan erobert British Malaya. Viele Malaysier werden zur Zwangsarbeit gepresst

1948–1960
Kolonialkrieg gegen die zurückkehrenden Briten, der offiziell erst 1989 endet

1957
Unabhängigkeit Malayas; 1963 treten Singapur, Sarawak und Sabah der Föderation bei, die seitdem Malaysia heißt. Singapur tritt zwei Jahre später aus

1969
Unruhen zwischen Malaien, Chinesen und Indern

2003
Nach 22 Jahren übergibt Premierminister Mahathir

sich einst allerdings auch die weitläufigsten Regenwälder Südostasiens – die durch jahrzehntelange Abholzung und die unaufhaltsame Ausbreitung der Ölpalmplantagen stark reduziert wurden. Selbst Schutzgebiete sind vom ***Holzeinschlag*** betroffen, was immer wieder Proteste unter anderem der *Malaysian Nature Society (www.mns.my)* oder von *Wild Asia (www.wildasia.org)* hervorruft.

Der größte Pluspunkt Malaysias ist die ***Vielfalt und hohe Qualität des Essens***. Durch die multiethnische Zusammensetzung der Bevölkerung gibt es in jedem größeren Ort mindestens ein chinesisches Restaurant, das kulinarische Abwechslung bietet und auch Bier und Schweinefleischgerichte serviert. In größeren Städten steht Ihnen die ***ganze Palette asiatischer kulinarischer Genüsse*** zur Auswahl: Ob malaiisch, süd- oder nordindisch, kantonesisch, hainanesisch, Szechuan- oder Hokkien-Küche, alle einheimischen Bevölkerungsgruppen haben ihre kulinarischen Traditionen mitgebracht. Besonders spannend sind schmackhafte ***Nyonya-Gerichte***, eine aus einer Mischkultur hervorgegangene Küche, die chinesische Zubereitungsmethoden mit malaiischen Zutaten kombiniert. Sie ist auf die ersten Einwanderer aus dem Reich der Mitte zurückzuführen, die sich mit der einheimischen malaiischen Bevölkerung vermischten. Selbstverständlich haben Sie im Zentrum der Großstädte auch die Wahl zwischen gehobener oder rustikaler europäischer, delikater japanischer oder dezenter vietnamesischer Küche, ganz zu schweigen von den weit verbreiteten Fast-Food-Ketten und Cafés.

Die Liebe zum Land geht durch den Magen

Das ***Neben- und Miteinander der Kulturen***, das in kulinarischer Hinsicht so perfekt funktioniert, ist im Alltag nicht ganz so ausgewogen. Das immer wieder präsentierte Bild vom harmonischen Zusammenleben der verschiedenen ethnischen Gruppen zeigt besonders in jüngster Zeit wieder ***deutliche Risse***, Spannungen sind unübersehbar. 50 Prozent der Bevölkerung sind Malaien, 24 Prozent chinesischer und rund sieben Prozent indischer Abstammung. Dazu kommen kleinere Gruppen, etwa die bereits erwähnten Iban, die Kadazan, Melanau, Orang Ulu, Bajau, Murut und Dayak auf Borneo. Sie alle leben verstreut i***n zwei grundverschiedenen Landesteilen***: Westmalaysia liegt auf der 750 km langen Halbinsel dicht am Äquator und beherbergt elf der 13 Bundesstaaten der Föderation. Sarawak und Sabah sind die beiden Bundes-

Mohamad sein Amt an Nachfolger Abdullah Ahmad Badawi

2009 Najib Tun Razak wird Premierminister

2013 Zu den Neuwahlen bildet sich eine starke Koalition aus Oppositionsparteien

2014 Zwei vollbesetzte Passagierflugzeuge der staatlichen Malaysia Airlines stürzen ab – eine nationale Tragödie

2015 Waldbrände im benachbarten Indonesien hüllen große Landesteile wochenlang in dichten Smog

Moderne Wolkenkratzer, umgeben vom Zauber des Fernen Ostens: Kuala Lumpur

staaten auf Borneo, durch das Chinesische Meer und rund 650 km von Westmalaysia getrennt. Sie machen 60 Prozent der Landfläche Malaysias aus. Kuala Lumpur, der Regierungssitz Putrajaya und die vor der Küste Borneos gelegene Insel Labuan, ein Offshore-Finanzzentrum, sind Bundesterritorien. Das Staatsoberhaupt, ein ***konstitutioneller Monarch***, wird alle fünf Jahre aus der Mitte von neun Sultanen gewählt – das weltweit einzige System dieser Art. Systematische Modernisierungen leitete Mahathir Mohamed ein, der von 1981 bis 2003 als Premierminister die Geschicke des Landes und seiner ***knapp 30 Mio. Einwohner*** leitete. Kritiker monierten, dass Großprojekte und Prestigebauten enorme Summen verschlangen, dass nicht immer effizient gewirtschaftet wurde und dass vor allem in ländlichen Gebieten Investitionen etwa im Bildungsbereich zu kurz kamen. Während Mahathirs Regierungszeit wurden die Rechte der Sultane und des Königs drastisch eingeschränkt. Die missglückte Reformpolitik seines Nachfolgers Abdullah Ahmad Badawi und politische Skandale auf höchsten Ebenen bescherten der Opposition großen Zulauf. Das Land steht vor ***großen wirtschaftlichen und sozialen Herausforderungen***, soll es, wie von der Regierung geplant, bis 2020 eine entwickelte Industrienation sein.

Die Herausforderungen der Zukunft

Malaysia ist ein vielseitiges Reiseziel, das für jeden Geschmack etwas zu bieten hat: kulturell ein spannender ***Schmelztiegel*** der asiatischen Hochkulturen, kulinarisch ein ***Schlemmerparadies***, das seinesgleichen sucht, landschaftlich ein ***Spielplatz für Abenteurer*** und Aktive. Und ein ***Idyll für Sonnenhungrige*** und Ruhesuchende.

IM TREND

1 Äußerst anziehend

Mode Starke Kontraste und besondere Verzierungen sind das Markenzeichen von Khoon Hooi *(Starhill Gallery, 181 Jalan Bukit Bintang, Kuala Lumpur) (Foto)*. Kollegin Melinda Looi *(Isetan im KLCC)* ist der Star der Modeszene. Neben ihrer hochpreisigen Couture- und der verspielten Ready-To-Wear-Kollektion ist die als erste in Malaysia aus Bio-Baumwolle gefertigte Mell-Basics-Linie auch für den Alltagsgebrauch interessant. Im Trend und dazu noch günstig ist *Le Ann Maxima (im Jaya One | Jalan Universi | Petaling Jaya)*.

2 Auf Rollen

Sportlich Bei der malaiischen Jugend ist Inline-skating schwer angesagt. Vielerorts werden die Rollenschuhe an großen Plätzen oder in Parks verliehen. Zur Abenddämmerung drehen vergnügte Menschen dann ihre Runden auf bunt blinkenden Skates. Das soziale Happening ist gleichzeitig auch eine Gelegenheit für ein sittenkonformes, zurückhaltendes Date unter Jugendlichen. Am besten können Sie das Treiben auf dem *Dataran Palawan* in Melaka verfolgen.

3 Am Puls der Zeit

Kreativ In der Kunstszene brodelt es. Lassen Sie sich die zeitgenössischen Vertreter nicht entgehen! Gute Adressen sind die *Wei-Ling-Gallery (Mo–Fr 11–19, Sa 10–17 Uhr | 8 Jalan Scott | Brickfields | Kuala Lumpur | www.weiling-gallery.com) (Foto)* und das *Minut Init Art Social (Di–So 12–1 Uhr | 29B Jalan SS 21/37 | Damansara Utama | Petaling Jaya | www.minutinit.com)*. In Letzterem können Sie nicht nur Kunstwerke betrachten, sondern in der entspannten Bar essen und trinken oder ein Livekonzert erleben.

In Malaysia gibt es viel Neues zu entdecken. Das Spannendste auf diesen Seiten

Aufgebrüht

4

Kaffee mit Qualität Bisher war Malaysia nicht gerade für guten Kaffee bekannt, doch das ändert sich rasant. Denn die neuen, im angesagten, minimalistischen Industrial-Design gehaltenen Cafés erfreuen sich unter der einheimischen Mittel- und Oberschicht, deren Lebensweise und Weltanschauung international geprägt ist, großer Beliebtheit. Von den Fähigkeiten der neuen Barista-Generation überzeugen Sie sich am besten in Kuala Lumpur im *LOKL (Di–So 8–20 Uhr | 30, Jalan Tun H. S. Lee | loklcoffee.com)*, im *Moontree (Mi–Mo 10–20 Uhr | 6, Jalan Panggung | moontree-house.blogspot.com)* oder im *Feeka Coffee Roasters (tgl. 9–23 Uhr | 19, Jalan Mesui | www.fb.com/feeka.coffeeroasters)*.

Hoch hinaus

5

Klettern Granit, Sandstein und Kalk – bei diesen Worten merken passionierte Kletterer auf. In Malaysia ist der Sport, der in die senkrechten Wände führt, noch jung, bei der Vielzahl der Kletterfelsen entwickelt sich die Szene jedoch rasch. Populär sind die Felswände nahe Kuala Lumpur, zu denen das Revier rund um die gut erreichbaren *Batu Caves (Foto)* mit etwa 170 Routen und der Monolith *Bukit Takun*, der auf dem Golfplatz im Templer's Park emporragt, gehören. Einen Überblick über die verfügbaren Klettermöglichkeiten bietet *Climb Malaysia (www.facebook.com/ClimbMalaysia)*. Die Kletterprofis von *Verticale (Mo–Fr 12–20, Sa 11–18 Uhr | 2-105, Jalan Prima SG 3/2 Taman Sri Gombak | www.verticale.my)* helfen nicht nur bei der Routenwahl. Die Profis dort organisieren auch Touren und Kurse für alle Niveaus. In ihrem Laden nahe den Batu Caves können Sie Ausrüstung kaufen und leihen.

FAKTEN, MENSCHEN & NEWS

ANIMISMUS

Im gesamten südostasiatischen Raum war die ursprüngliche Religion der Animismus, der in den malaiischen Einflusssphären von großer Toleranz und Offenheit gegenüber neuen Einflüssen und Konzepten geprägt war. Für jene Ureinwohner, die noch heute den Animismus praktizieren, sind Omen in der Natur, Träume und die Kommunikation mit Verstorbenen von großer Bedeutung. Auch Chinesen pflegen ihre Beziehung zu Schutzgeistern und Ahnen. Schamanen und Hexenmeisterinnen sterben zwar langsam aus, aber der uralte Glaube wurzelt tief. Selbst wenn sich moderne Malaysier zu einer der Weltreligionen bekennen – an der Effizienz von weißer und schwarzer Magie zweifeln nur wenige.

BERSIH

„Bersih" bedeutet soviel wie „sauber machen" oder „aufräumen". 2016 versammelten sich bereits zum fünften Mal gelb gekleidete Menschenmassen in Kuala Lumpurs Straßen, um für eine Reform des Wahlsystems zu demonstrieren. In ihren Augen bevorzugt das ungerechte System die seit Jahrzehnten regierende Barisan-Nasional-Koalition und fördert Wahlbetrug und Korruption.

Die von einem Zusammenschluss einflussreicher Nichtregierungsorganisationen ins Leben gerufene Kampagne wuchs seit ihrer Gründung 2007 zur größten demokratischen Kundgebung in der Geschichte des Landes und erhält zunehmend Unterstützung aus breiten Teilen der städtischen Bevölkerung. So

 Bild: Drachenlenker in Kota Bharu

Schwarze und weiße Magie, märchenhaft reiche Herrscher und uralte Regenwälder – Malaysia ist ein Land voller Exotik

gingen bei der dritten und vierten Bersih-Demonstration wohl über 100 000 Menschen auf die Straße, die Veränderungen hin zu einer rechtschaffenen, unbestechlichen und egalitären Gesellschaft forderten. Seit Jahrzehnten genießt die Volksgruppe der Malaien (s. Thema „Bumiputra") in vielerlei Hinsicht staatlich zugesicherte Privilegien, die bewusst einem gesellschaftlichen Gleichheitsgrundsatz widersprechen. Die Massenproteste hatten einen bedeutenden Einfluss auf den politischen Diskurs und die Entwicklungen der letzten zehn Jahre. Mehr Informationen unter *bersih.org.*

BRUNEI

Brunei-Darussalam war bereits im 15. Jh. ein mächtiges Sultanat, das sich bis ins heutige philippinische Staatsgebiet erstreckte. Es ging im Lauf der Geschichte aber fast unter – bis 1929 vor der Küste Erdöl entdeckt wurde. Erst 1984 erlangte das kleine Land die Unabhängigkeit, bis dahin stand es als Protektorat unter britischem Schutz.

Der absolute Herrscher Sultan Hassanal Bolkiah gilt als einer der reichsten Monarchen der Welt und beschert Brunei einen Wohlstand sondergleichen: keine

Beeindruckend: die Staatsmoschee Masjid Negara in Kuala Lumpur

Steuern, freie Kranken- und Rentenversicherung sowie Spitzenlöhne. Der Staat ist gemessen am Bruttoinlandsprodukt pro Kopf das fünftreichste Land der Erde, mit einem Durchschnittseinkommen, das um ein Drittel über dem von Deutschland liegt. Für unliebsame Arbeiten wird ein Heer von Gastarbeitern aus Malaysia, Indonesien, den nahen Philippinen und anderen Ländern beschäftigt. So fällt es den rund 400 000 Einwohnern des kleinen Ministaats (5765 km^2) leicht, ihrem Herrscher den mit 1788 Räumen größten Palast der Welt, eine Armada aus 5000 Luxuskarossen und die 200 argentinischen Polopferde zu gönnen.

BUMIPUTRA

Landwirtschaft, Fischerei und Jagd sind traditionellerweise Sache der hier lebenden Volksgruppen (Protomalaien) sowie der vorwiegend aus dem indonesischen Raum stammenden Malaien. Malaien und Protomalaien werden als Bumiputra („Söhne der Erde") vom Staat mit Privilegien gefördert (z. B. Steuervergünstigungen, leichterer Zugang zu Regierungspositionen und Universitäten, bessere Bankkonditionen). In Politik und Gesellschaft sind sie heute führend, aber an der Spitze der Wirtschaft stehen nach wie vor die Chinesen. Sie trieben seit ewigen Zeiten Handel mit den Malaien und wanderten im 19. Jh. im Zuge des Zinnbooms zu Hunderttausenden ein. Chinesen stellen heute 25 Prozent der Bevölkerung. Die britischen Kolonialherren holten im 19. Jh. zudem massenweise indische Plantagenarbeiter ins Land. Sie machen heute etwa sieben Prozent der Malaysier aus.

Verwirrung gibt es beim unterschiedlichen Gebrauch der Begriffe Malaysier und Malaien: Letztere sind Angehörige der malaiischen Volksgruppe, also der Bumiputra. Alle unterschiedlichen Ethnien zusammen – Malaien, Chinesen, Inder und die Nachkommen der Protomalaien – sind dagegen Malaysier, also Staatsbürger Malaysias.

Yang di-Pertuan Agong ist der Titel des malaysischen Königs. Zum „Ersten unter den höchsten Durchlauchten" wird jeweils für die Amtszeit von fünf Jahren einer der Sultane gewählt, die in den neun Bundesstaaten das Reich ihrer Vorväter repräsentieren (in Melaka, Penang, Sarawak und Sabah regiert hingegen ein Gouverneur). Die Allüren und Eskapaden mancher *royals* stehen denen der britischen in nichts nach.

DRACHEN UND GASING

Im Bundesstaat Kelantan erfreuen sich hoch in den Lüften kreisende, bunte Drachen aus Bambus und Seidenpapier, mit Flügelspannweiten von bis zu 2,5 m, noch immer großer Beliebtheit. Bei professionellen Wettbewerben treten die besten Drachenflieger gegeneinander an. Dabei wird nicht nur das Flugverhalten, sondern auch der vom *wau* (Drachen) ausgehende Klang und die Eleganz seines Aussehens bewertet. Es braucht übrigens zwei Männer, um einen Drachen zu führen.

Noch anspruchsvoller ist *gasing*, das Kreiselspiel: Der Werfer rollt auf einer tellergroßen Holzscheibe (mit Zinnrand bis zu 7 kg schwer) ein Seil fest und schießt die Scheibe mit voller Kraft und Präzision gen Boden. Ein zweiter Spieler fängt diesen Kreisel mit einer flachen Holzschaufel auf und setzt ihn auf einen Pflock, wo er weiter dreht und dreht. Gewonnen hat derjenige, dessen Kreisel als Letztes aufhört, sich zu drehen. An der Ostküste der Halbinsel sind die Spiele auf Volksfesten und in den Kulturzentren zu sehen.

FLORA UND FAUNA

Dank der stabilen klimatischen Verhältnisse sind Malaysias tropische Regenwälder älter als die des Amazonas. In Millionen von Jahren konnte sich die Flora und Fauna hier extrem vielseitig entwickeln. Allein auf der Halbinsel wachsen mehr als 8500 Pflanzenarten. Neben über tausend Orchideenarten gedeiht in Malaysia auch die Rafflesia. Sie ist mit bis zu einem Meter Durchmesser die größte Blüte der Welt.

In den Regenwäldern der Flachlandzonen leben große Säugetiere wie Leopard, Gaur *(seladang)*, Elefant, Orang-Utan, Tiger und Tapir, die Sie aber höchstwahrscheinlich auch bei einer ausgedehnten Dschungeltour nicht zu Gesicht bekommen werden. Ihr Lebensraum wird durch die Rodung der Wälder, die kontinuierlich voranschreitende Ausbreitung der Ölpalmplantagen und die Ausdehnung urbaner Siedlungen immer mehr eingeschränkt. Zahlreicher als die Säugetiere sind noch die Vogelarten. Mehr als 700 wurden bislang gezählt, unter ihnen Königsfischer, Bienenfresser, Silberreiher und Eisvogel. Auch 150 000 Insektenarten sollen in Malaysia beheimatet sein, außerdem Krokodile, Echsen und viele Schlangenarten (z. B. Kobra, Viper und Python).

ISLAM

Dank reger Handelsbeziehungen gab es im Gebiet des heutigen Malaysia bereits Ende des 7. Jhs. erste Kontakte mit arabisch-muslimischen Kaufleuten. Allerdings fasste die Religion erst im frühen 15. Jh. Fuß im Land. Damals konvertierte der Herrscher der bedeutenden Handelsmetropole Melaka und damit faktisch das gesamte Land. In der Folgezeit entwickelte sich im Sultanat ein synkretisch geprägter Islam, der viele der verbreiteten animistischen Glaubensformen in ein tolerantes, fast schon liberales Gesamtkonstrukt integrierte.

Seit gut 20 Jahren ist eine deutliche Verstärkung der Religiosität auch außerhalb der traditionell konservativen Nordostküste Westmalaysias zu beobachten.

Während früher kaum Malaiinnen mit Kopftuch in Kuala Lumpur unterwegs waren, gehört die Kopfbedeckung heute fast schon zum guten Ton. Dank zahlungskräftiger Unterstützung aus den ölreichen arabischen Ländern werden immer prunkvollere Moscheen gebaut, in denen entsprechend der Ausrichtung ihrer Finanziers eine striktere Auslegung des Islam propagiert wird.

Doch Sie sollten der zur Schau gestellten Frömmigkeit nicht zu kritisch gegenüberstehen: Es entspricht momentan schlichtweg dem malaiischen Zeitgeist, besonders muslimisch wirken zu wollen und sich entsprechend zu kleiden.

KRIS

Als Waffe aus Tausendundeiner Nacht, die den Träger unverwundbar, gar unsichtbar machen kann, ist der magische *kris* eine Legende. Rar gewordenen sind die Meister *(empu)*, die diesen Dolch, von Zeremonien und Meditationen begleitet, in einem langwierigen, aufwendigen Prozess schmieden. Die Klinge ist gerade, geschwungen oder wie eine Schlange geformt, der Griff ein geschnitztes Kunstwerk aus Edelhölzern, Knochen, Elfenbein oder Silber. Bis zur Perfektion beherrschten die Meister die Waffe im traditionellen Selbstverteidigungskampf *silat melayu*. Besonders schöne Sammlungen der magisch geladenen Dolche finden Sie im Islamic Arts Museum in Kuala Lumpur und im Nationalmuseum in Kuala Terengganu.

NAMEN

Malaien setzen anstelle des Nachnamens den Namen des Vaters hinter den eigenen; somit ist Herr Rewat Mohamed Mr. Rewat. Chinesen stellen ihren Vornamen (sofern er kein westlicher ist) hinter den Familiennamen – Frau Jap Kit Loo wird also mit Mrs. Jap angesprochen. Inder wiederum stellen oft die Initialen des väterlichen Namens vor den eigenen. Fragen Sie Ihr Gegenüber im Zweifelsfall nach der richtigen Anrede. Darüber hinaus gibt es einige sehr dezidierte Regeln: Männer werden von Jüngeren mit *uncle* (Onkel) angesprochen, Frauen entsprechend als *aunty* (Tante). Jüngere Menschen, z. B. eine Kellnerin oder einen Kellner im Restaurant, kann man durchaus mit *adik* (kleiner Bruder oder kleine Schwester) ansprechen. In der Familie hat jeder Bruder einen eigenen Titel: Der älteste heißt *abang long*, der nächste *abang ngah* und so weiter. Entsprechendes gilt für Schwestern: *kak long* ist die älteste, *kak ngah* die zweite usw. Sich nur mit dem Namen anzusprechen, gilt traditionell als unhöflich.

SCHILDKRÖTEN

Immer seltener schleppen sich nachts die mächtigen Suppen- und Karettschildkröten an die Strände der Ostküste oder denen von Sabah und Sarawaks, buddeln einen Graben und legen 40 bis 150 Eier hinein. Um den schwindenden Zahlen entgegenzuwirken, entnehmen Ranger im Rahmen von Schutzprojekten die „Pingpongbälle" und vergraben sie in Aufzuchtstationen, wo die Eier geschützt vor Feinden heranreifen können. Sind die Jungen nach 50 bis 60 Tagen aus dem Sand gekrabbelt, geht es im Schutz der Nacht zum Meer. Allerdings überleben nur rund zwei Prozent die gefährliche Zeit des Heranwachsens. Doch vielleicht ist darunter ein Weibchen, das nach 15 bis 20 Jahren an den Geburtsstrand zurückfinden wird, um seinerseits dort Eier abzulegen.

UREINWOHNER BORNEOS

In 40 000 Jahren haben sich auf Borneo sehr unterschiedliche Volksgruppen herausgebildet. Im heutigen Sarawak machen die einst als Kopfjäger gefürchteten *Iban* ein Drittel der Bevölkerung aus. Einige von ihnen wohnen immer noch in teils modernisierten Langhäusern und bauen Bergreis und Pfeffer an. Die *Bidayuh* (etwa acht Prozent) sind in den westlichen Gebirgsregionen von Sarawak beheimatet. Die *Melanau* (sechs Prozent) leben als Küstenbewohner traditionell von der Fischerei. Die *Orang Ulu* (fünf Prozent) setzen sich aus 21 Untergruppen zusammen – dazu gehören die *Kelabit* im Bario-Hochland und die von den Früchten des Regenwalds lebenden *Penan.*

In Sabah stellen die 30 indigenen Völker noch rund 60 Prozent der Einwohner. Die *Kadazan* (17 Prozent) betreiben Reis- und Gemüseanbau. Die *Murut* (drei Prozent) lebten ursprünglich vom Wanderfeldbau und der Jagd mit dem Blasrohr. Die *Bajaus* (14 Prozent) wiederum waren einst Seenomaden, bevor sie sich an den Küsten ansiedelten.

Die jungen Kadazan-Frauen in Sabah gehören zu den Ureinwohnern der Insel Borneo

VOGELNESTSUPPE

Abertausende von Salanganen (Seglervögel) bauen in den Tropfsteinhöhlen Borneos Nester aus Speichel. Chinesen schätzen diese *bird's nests* seit tausend Jahren als Delikatesse in Suppen. Die Sammler klettern halsbrecherisch an Bambusstangen und Rattanleitern die Höhlenwände hoch: das erste Mal, bevor die Salanganen die Eier gelegt haben, sodass Zeit für den zweiten Nestbau bleibt, und das zweite Mal, wenn die Jungen ausgeflogen sind. Die exklusive Delikatesse erhält zunehmend Konkurrenz von Nestern aus Schwalbenfarmen, die in leer stehenden Häusern und Schuppen eingerichtet sind und an Gefängnisse erinnern.

ESSEN & TRINKEN

Essen spielt in Malaysia eine (ge-)wichtige Rolle. Wenn Sie eine malaiische Familie besuchen, wird „Sudah makan?" die erste Frage nach der Begrüßung sein: „Hast du schon gegessen?".

Malaysias kulturelle Vielfalt spiegelt sich auch in den Speisen wider. *Satay*, *kwai teow* oder *tandoori chicken* – jede ethnische Gruppe hat ihre Spezialitäten. Das Land ist ein **Paradies für Feinschmecker**: An jeder Ecke gibt es Essensstände und einfache Restaurants, in denen man für wenig Geld ein köstliches Mittag- oder Abendessen bekommt. Selbst in den besseren Lokalen zahlt man selten mehr als zehn Euro für ein komplettes Menü. Meist sehr viel teurer sind die Restaurants in Fünf-Sterne-Hotels, womit aber nicht zwingend eine bessere Qualität des Essens einhergeht. Auch in den internationalen Restaurants zahlen Sie mehr, da viele Zutaten importiert werden müssen. Traditionell essen Malaien und Inder mit der rechten Hand, die Chinesen mit Stäbchen – Besteck (Gabel und Löffel) gibt es aber überall. Während des **Fastenmonats Ramadan** bleiben malaiische Lokale bis zum Sonnenuntergang geschlossen.

Reis *(nasi)* und Nudeln *(mee)* bilden die Basis der Ernährung. *Sambal,* eine mit zerstoßenem Chili und Knoblauch angereicherte Shrimppaste, finden die Malaien als Beigabe unentbehrlich, den meisten Europäer ist sie aber zu scharf. Überhaupt **finden Gewürze reichlich Anwendung**: Rind *(lembu)*, Huhn *(ayam)*, Ziege *(kambing)* oder Lamm *(kambing)* und Fisch *(ikan)* werden in Currys *(kari)*

 Bild: Laksa mit Garnelen

Eine wahre Kulturreise für den Gaumen: Der Vielvölkerstaat bietet reichlich Abwechslung und hat große kulinarische Erlebnisse in petto

zubereitet, und in verschiedenen Saucen mit Kokosmilch, Ingwer, Chili, Knoblauch, Gelbwurz *(tumeric)*, Garnelenpaste *(belacan)* und zahlreichen anderen exotischen Zutaten verfeinert.

Die **Chinesen** pflegen auch in Malaysia diverse regionale Küchen: Eine Spezialität der kantonesischen sind *dim sum,* kleine Häppchen wie Frühlingsröllchen oder gedämpfte beziehungsweise gebratene Klößchen, die vom Frühstück bis zum Mittagessen serviert werden. In der würzigen Szechuan-Küche wird viel Chili und Knoblauch verwendet, aus Peking stammen viele Nudelgerichte und aus Shanghai Eintöpfe. Populär ist *steamboat,* eine große Auswahl an frischen Zutaten, die in einem Topf voll siedender Brühe direkt am Tisch gegart werden. Mutige Gäste probieren ein Fischkopfcurry.

Vor allem in Melaka und Penang ist die **Nyonya-Küche** verbreitet, eine gelungene Kombination aus chinesischen Zubereitungsarten mit malaiischen Zutaten. Typisch für sie sind exotische Salate sowie *laksa,* ein reichhaltiger, dickflüssiger

SPEZIALITÄTEN

CHINESISCH

Bak kut teh – ein bräunlicher, sehr würziger Eintopf aus fettem Schweinefleisch, Pilzen, Tofu, chinesischen Kräutern und Gewürzen

Hainanese chicken rice – zartes Hühnerfleisch auf Reis, garniert mit Frühlingszwiebeln, Koriander und Gurkenscheiben

Hokkien hae mee – Nudelsuppe mit Shrimps; wird in Kuala Lumpur als *Hokkien char mee* mit Fleisch oder Fisch angeboten

Pau – gedämpfte Hefeteigklöße mit verschiedenen Füllungen (Schweinefleisch, Ei, rote Bohnenpaste, Gemüse); zum Frühstück oder als Imbiss gegessen

INDISCH

Korma – Fleisch oder Gemüse in einer milden, aromatischen Currysauce; als Beilage gibt es Reis oder *naan* (Foto re.)

Nasi biryani – Reis, der zusammen mit Fleisch (meist Lamm oder Huhn), Gemüse und Gewürzen langsam gegart und mit *chutneys*, Joghurt und anderen Beilagen serviert wird

Samosa – ausgebackene, dreieckige Teigtäschchen mit Gemüse- oder Fleischfüllung; zum Eintunken gibt es eine süße Sauce; meist als Vorspeise

MALAIISCH

Ais kacang – frisch geraspeltes Eis mit süßem Sirup, garniert mit marinierten Früchten, Gelees und roten Bohnen

Ikan panggang – in Bananenblätter eingewickelter und auf Holzkohle gegrillter Flussfisch

Laksa – eine Suppe, die sauer (mit Tamarinde) oder als Variante mit Kokosmilch, Fleisch oder Fisch und Nudeln zubereitet wird

Nasi lemak – Reis in Kokosnussmilch gekocht, serviert mit frittierten Anchovis, einer kleinen Portion *rendang* oder Huhn, gerösteten Erdnüssen, hart gekochtem Ei, Gurkenscheiben und *sambal*

Rendang daging – in Kokosmilch und Gewürzen gegartes Rindfleisch

Satay – über Holzkohle gegrillte Fleischspießchen, serviert mit einer würzigen, dicken Erdnusssauce, Gurken, Zwiebeln und in Würfel geschnittenem Klebreis *(ketupat)* (Foto li.)

Nudeleintopf auf Fischbasis, den es in regionalen Varianten zu probieren gilt.
Die **Tamil-Küche der Südinder** ist mit einer großen Auswahl an Gemüse eine **Wohltat für Vegetarier**. Versuchen Sie das Linsengericht *dal, palak paneer* (Spinat mit Frischkäse) oder *ladyfingers* (Okraschoten). *Idli* sind weiße, dicke, gedämpfte Küchlein aus zermahlenen fermentierten Linsen oder Reis, die in Südindien zum Frühstück zusammen mit *chutneys* gegessen werden, ebenso wie *dosai,* dünne, große, knusprige Pfannkuchen. Mit einem aromatischen Gemüsecurry gefüllt, heißen sie *masala dosai*.
Die reichen Saucen der **nordindischen Küche** genießen Sie am besten mit *naan.* Diese pizzateigähnlichen Fladenbrote kommen aus dem *tandoor,* einem tonnenförmigen Lehmofen, in dem auch mariniertes Fleisch am Spieß gegart wird. *Roti canai* sind eine köstliche Alternative zum langweiligen Toastfrühstück: Die Köche backen hauchdünne Pfannkuchen auf einer Herdplatte aus, legen die *roti* dann zusammen und servieren sie mit einer Sauce zum Eintunken. Wenn sie mit Eiern oder Fleisch gefüllt sind, heißen die Pfannkuchen *murtabak.*
Auf Borneo können Sie auch **Dschungelprodukte** kosten: etwa wildes Farngemüse, Pilze, Wildschweinbraten und Fische oder Krebse aus den Flussen.
Vor allem die chinesische Küche bietet eine große Auswahl an Meeresfrüchten in verschiedenen Varianten und vielseitigen Zubereitungsarten. Preislich ist ein solches **Seafood-Dinner** immer deutlich höher angesiedelt als ein vergleichbares Abendessen ohne Meeresfrüchte.
Früchte bekommen Sie am besten auf dem Markt. Von April bis August werden Sie sich wundern, warum ausgerechnet die Stinkfrucht *durian* Königin der südostasiatischen Obstvielfalt sein soll. Halten Sie sich die Nase zu, und probieren Sie das weißlich-cremige Fruchtfleisch – Sie werden entweder von dem vanilleartigen Geschmack begeistert sein oder sich nie wieder freiwillig in die Nähe einer *durian* begeben. Wassermelonen, Sternfrüchte, Ananas, Bananen, Papaya, Äpfel und Orangen gibt es das ganze Jahr über, anderes Obst wie Mangos, Guaven, Pomelos, Rambutans, Litschis oder Mangostanen sind dagegen nur saisonal erhältlich.
Der **Saft junger Kokosnüsse** *(kelapa muda)* ist ein populärer Durstlöscher. Tee *(teh)* und Kaffee *(kopi)* serviert man entweder schwarz *(oh)* oder mit süßer Kondensmilch *(susu).* Alkoholische Getränke werden Ihnen nur in chinesischen, manchen indischen und westlichen Restaurants ausgeschenkt. Auf Borneo produzieren die Einheimischen Reiswein, der in Sarawak *tuak* und in Sabah *tapai* genannt wird, sowie Palmweine variierender Potenz.

Vitamine bis zu Abwinken: bunte Obstvielfalt auf Malaysias Märkten

EINKAUFEN

Ganz untypisch für Asien wird den Touristen in Malaysia von den Verkäufern keine Ware aufgedrängt. Sie können fast überall in Ruhe und ohne aufdringlichen Kaufdruck stöbern.

EINKAUFSZENTREN

In und um Kuala Lumpur gibt es riesige Shoppingtempel, die alle westlichen Konsumgüter führen. Zu den nobelsten und teuersten gehören das *Suria KLCC (www.suriaklcc.com.my)* direkt an den Twin Towers und das *Pavilion (www.pavilion-kl.com)* am Bukit Bintang. Interessant ist ein Bummel durch das günstigere *Sungei Wang Plaza (www.sungeiwang.com)* mit über 700 Läden.

Auch in fast allen anderen größeren Städten Malaysias gibt es mittlerweile große moderne Malls, z. B. in Georgetown *(1st Avenue | www.1st-avenue-mall.com.my)*, Ipoh *(Ipoh Parade | www.ipoh.parade.com.my)*, Melaka *(Dataran Pahlawan | www.dataranpahlawan.com)*, Kota Bharu *(Aeon Mall | www.aeonretail.com.my/aeonkb)*, Kuantan *(East Coast Mall | www.eastcoastmall.com.my)*, Kuching *(Plaza Merdeka | www.plazamerdeka.com)* und Kota Kinabalu *(Suria Sabah Shopping Mall | www.suriasabah.com.my)*.

HOLZ

Holzschnitzereien gibt es vor allem in Sarawak und Sabah. Sie werden in einigen Geschäften rund um den Central Market in Kuala Lumpur sowie natürlich vor Ort verkauft. Die mythischen INSIDER TIPP Holzmasken, die die *Mah Meri* auf der Port Klang vorgelagerten Insel Carey aus tropischem Hartholz herstellen, sind äußerst ausdrucksstark, aber rar und auch entsprechend teuer.

MÄRKTE

Dichtes Gedränge herrscht auf dem *Touristenmarkt in der Petaling Street* von Kuala Lumpur. Neben Obst und Speisen finden Sie hier vor allem Kleidung, Schuhe, Taschen aller Art, Uhren oder Souvenirs. Doch Vorsicht: Es handelt sich häufig um illegal kopierte Markenwaren, deren Einfuhr in die Länder der EU verboten ist!

Vergessen Sie nicht zu handeln. Die erstgenannten Preise sind in der Regel stark erhöht und können deutlich gedrückt werden. Viel weniger auf Tourismus ausgerichtet sind die meisten anderen Nachtmärkte im Land. Das Angebot konzentriert sich dort auf Lebensmittel,

Ob Batik- und Ikatstoffe, Holzschnitzereien oder Silberschmiedearbeiten – die schönsten Souvenirs sind feine Handwerksprodukte

Kleidung und lokale Speisen. Ein Besuch bietet einen, wenn auch flüchtigen, Einblick in die Lebensgewohnheiten der Menschen. Die Preise auf den Märkten sind die landesüblichen, d. h. ohne Touristenzuschlag. Dennoch: Außer bei ausgepreisten Waren ist es üblich, zu handeln oder nach einem Rabatt zu fragen *(„Is there any discount?")*.

STOFFE

In Malaysia sind Batikstoffe sehr beliebt, nicht nur zu formellen Anlässen. Hergestellt werden die Stoffe insbesondere in Kelantan und Terengganu an der Ostküste. In den *Kompleks Kraf*-Filialen in Kuala Lumpur *(Mo–Fr 9–18, Sa/So 9–19 Uhr | Section 63 | Jalan Conlay | www.kraftangan.gov.my)* und auf Langkawi (s. S. 53) können Sie bei der Batikproduktion zuschauen.

Wunderschöne Ikatstoffe, die *pua kumbu*, stellen die Iban in Sarawak her. Die Muster entstehen durch Abbinden der Fäden und mehrere Färbvorgänge vor dem Weben. Ein Besuch im hervorragenden *Textilmuseum (Mo–Fr 9–16.45, Sa/So 10–16 Uhr | Eintritt frei | Jalan Tun Haji Openg | Kuching)* schärft den Blick, denn vieles, was als Souvenir angeboten wird, ist Fabrikware.

ZINN & SILBER

Die *Royal Selangor* ist eine der größten Firmen, ihre Produkte finden Sie in jedem großen Einkaufszentrum. In einer Fabrik bei Kuala Lumpur *(tgl. 9–17 Uhr | Jalan Usahawan 6 | Setapak Jaya | www.royalselangor.com/visitor-centre)* wird Zinn zu Gebrauchs- und Dekorationsgegenständen verarbeitet.

Wunderschön und kunstvoll sind die Silberschmiedearbeiten mit filigranen Mustern, die vor allem an der Ostküste Malaysias hergestellt werden. Die Produkte sind in einigen Silberwarenläden und in den *Kompleks Kraf*-Filialen erhältlich.

WESTEN DER HALBINSEL

An der Westküste verbinden sich der traditionelle Charme asiatischer Städte und die Errungenschaften der Moderne. Anders als an der Ostküste haben die Städte der Westküste, insbesondere Melaka und Georgetown, eine uralte Handelstradition. Melaka wurde im 15. Jh. zu einem der wichtigsten Seehäfen der Welt. Zuerst fielen die Portugiesen in Melaka ein, dann Holländer und zuletzt Engländer. Das erst Mitte des 19. Jhs. gegründete Kuala Lumpur, die heutige Hauptstadt mit ihrem Wahrzeichen, den Twin Towers, die während ihres Baus größten Hochhäuser der Welt, hat sich zu einer modernen Metropole entwickelt. Die Insel Langkawi im äußersten Nordwesten der Halbinsel kann mit feinen Sandstränden, faszinierender Natur und einer formidablen touristischen Infrastruktur punkten.

GEORGETOWN

(130 A2) (🗺 B3) ★ **„In Penang schlug uns, an einem heißfeuchten glanzvollen Abend, zum ersten Mal das quellende Leben einer asiatischen Stadt entgegen, wildes, farbiges Menschengewimmel in den immer vollen Gassen, nächtliches Kerzenmeer ..."**
Das waren Hermann Hesses Eindrücke während seines Aufenthalts auf der Insel im Jahr 1911. Bis heute hat sich Georgetown (740 000 Ew.), die Hauptstadt

 Bild: Petronas Twin Towers in Kuala Lumpur

Tradition trifft Moderne: Tempel, Villen und das koloniale Erbe von Malaysias ältester Stadt neben futuristischen Wolkenkratzern

CITY WOHIN ZUERST?

Clock Tower: Am besten, Sie starten Ihren Bummel durch die Altstadt Georgetowns am markanten, 18 m hohen Clock Tower aus der Kolonialzeit, gegenüber dem Fort Cornwallis. Von hier aus erreichen Sie bequem sämtliche wichtige Sehenswürdigkeiten. Zum Uhrentum selbst kommen Sie mit einem der kostenlosen CAT-Busse.

Penangs, ihren Charme bewahrt. Die Gegend um die Straßen *Jalan Penang*, *Lebuh Chulia* und *Lebuh Pitt* mit den *rickshaws*, den chinesischen *shophouses* und Garküchen erscheint an manchen Orten wie ein Bild vergangener Zeiten. Der *Penang Heritage Trust (26, Lebuh Gereja | Tel. 04 2 64 26 31 | www.pht.org.my)* und das *Penang Heritage Centre (116–118, Lebuh Aceh | Tel. 04 2 61 66 06 | www.gtwhi.com.my)* bieten nach Voranmeldung verschiedene interessante Führungen durch Georgetown an.

Der Duft von Sandelholz umweht die mit Drachen verzierten Säulen des Kuan-Yin-Tempels

Penang mit seinen gut 1,6 Mio. Einwohnern, davon etwa 50 Prozent Chinesen, ist nach Perlis der zweitkleinste Bundesstaat Malaysias, zu dem neben der Insel ein schmaler Streifen auf dem Festland mit der Hafenstadt Butterworth gehört.

SEHENSWERTES

BOTANISCHER GARTEN

Hier erleben Sie die große Vielfalt der tropischen Pflanzen aus der Region auf einem 30 ha großen Areal. *Tgl. 5–21 Uhr | Jalan Kebun Bunga | Eintritt frei | botanicalgardens.penang.gov.my/en*

HISTORISCHE STADTHÄUSER

Cheong Fatt Tze – The Blue Mansion, die zwischen 1896 und 1904 erbaute Villa eines chinesischen Geschäftsmanns, fasziniert durch ihre nach Feng-Shui-Regeln konstruierte Architektur. In der 38-Zimmer-Villa *(Führungen tgl. 11, 14 und 15.30 Uhr | 14, Leith Lebuh | Führung RM 17 | www.cheongfatttzemansion.com)* können Sie auch übernachten. Das *Pinang Peranakan Mansion (tgl. 9.30–17 Uhr | 29, Lebuh Gereja | Eintritt RM 22 | www.pinangperanakanmansion.com.my)*, ein Ende des 19. Jhs. erbautes Stadthaus, beherbergt mehr als 1000 Antiquitäten.

KEK LOK SI

Größte und schönste buddhistische Tempelanlage des Landes: Die Gebetshallen, Höfe, Tempeltürme und Statuen in Air Itam, darunter eine mehr als 30 m hohe Göttin aus Bronze, werden von einer siebenstöckigen Pagode überragt. *Tgl. 8.30–18 Uhr | Spende erwünscht*

KOLONIALES ERBE

Der *Clock Tower*, der 18 m hohe Uhrturm, ist der ideale Ausgangspunkt für einen Spaziergang entlang der historischen Bauten. Schräg gegenüber wurde 1804 das *Fort Cornwallis (tgl. 9–19 Uhr | Eintritt RM 20)* zur Festung ausgebaut. Auf dem Gelände steht auch die sagenumwobene Kanone *Seri Rambai*. Jenseits des Platzes fällt der Blick auf die schneeweiße *City Hall* von 1903 und die *Town Hall* von 1880. Auf der *Lebuh Farquhar* liegt das Gerichtsgebäude *(Supreme Court)*.

KONGSI

Ein *kongsi* ist Tempel und Versammlungshalle eines chinesischen Clans – entsprechend prachtvoll sind Architektur und Räumlichkeiten. Das INSIDER TIPP *Khoo Kongsi (tgl. 9–17 Uhr | 18, Lebuh Canon | Eintritt RM 10 | www.khookongsi.com.my)* besteht aus Verwaltungsgebäude, Versammlungshalle, Opernbühne sowie 62 *shophouses* und besticht durch das reich verzierte Dach der opulenten Drachenberg-Halle. Das Museum veranschaulicht das Leben der frühen chinesischen Einwanderer und die Bedeutung der *kongsi*. Den Schutzgeistern ist der prunkvoll dekorierte Saal gewidmet. Auch das *Cheah Kongsi* liegt in einem Innenhof, zu dem Gassen von der *Lebuh Armenian* und der *Lebuh Ah Quee* führen. Leichter zu finden ist das nahe *Yeoh Kongsi (Lebuh Chulia)*.

PENANG HILL (BUKIT BENDERA)

Vom 735 m hohen Penang Hill genießen Sie den besten Panoramablick über Insel und Meer. Aus den voll verglasten Wagen der modernen, klimatisierten Bahn *(Fahrten tgl. zwischen 6.30 und 23 Uhr | Hin- und Rückticket RM 30)* haben Sie eine tolle Aussicht auf die Umgebung.

PENANG MUSEUM AND ART GALLERY

In einem Gebäude aus der Kolonialzeit werden die bewegte Geschichte der Insel und die vielfältige Kultur ihrer Bewohner präsentiert. *Sa–Do 9–17 Uhr | Lebuh Farquhar | Eintritt RM 1 | www.penangmuseum.gov.my*

STRASSE DER HARMONIE

An der *Jalan Mesijd Kapitan Keling* (auch: *Lebuh Pitt*) stehen Gebetshäuser der großen Weltreligionen harmonisch nebeneinander: An der Ecke *Lebuh Farquhar* befindet sich die *St. George's Church* von 1818, die älteste anglikanische Kirche Südostasiens, nicht weit davon entfernt der chinesische *Kuan-Yin-Tempel* (*Goddess of Mercy Temple*, 1801). Aus ihm quellen Rauchwolken hervor, weil Gläubige vor dem Altar der Göttin der Barmherzigkeit Räucherstäbchen entzünden und Opfergaben verbrennen.

MARCO POLO HIGHLIGHTS

★ **Georgetown**
Eine der aufregendsten Städte Südostasiens, die besonders von chinesischen Einflüssen geprägt wurde → S. 32

★ **Islamic Arts Museum**
Das beeindruckende Haus in Kuala Lumpur gibt einen interessanten Einblick in die islamische Kultur des Landes → S. 43

★ **Petronas Twin Towers**
Vom Doppelturm in der malaysischen Hauptstadt aus erleben Sie eine phantastische Aussicht auf die bunte Metropole → S. 44

★ **Cameron Highlands**
Angenehm kühle Luft, Teeplantagen und üppige Wälder erwarten die Besucher der populären Hillstation → S. 47

★ **National Elephant Conservation Centre**
Besuchen Sie die sanften grauen Riesen, und gehen Sie mit ihnen auf Tuchfühlung → S. 49

★ **Baba Nyonya Heritage Museum**
In der Chinatown von Melaka erfahren Sie, wie komfortabel die reichen Kaufleute von einst gelebt haben → S. 50

In Sichtweite, in *Little India,* erbauten Hindus 1833 den *Sri-Mariamman-Tempel*. Der Eingang mit dem farbenfrohen Tempelturm liegt an der *Lebuh Queen*. An der Kreuzung *Lebuh Buckingham* steht die gemütlich wirkende, 1801 erbaute *Kapitan-Keling-Moschee.*

serviert. Reservierung empfehlenswert. *31 D, Lorong Abu Siti | Tel. 04 2 29 13 18 |* €€

INSIDER TIPP **RED GARDEN FOOD PARADISE**

Großer, beliebter und günstiger Essensmarkt mit vielseitigem Speisenangebot,

Im legendären Grandhotel Eastern & Oriental logiert es sich auch heute noch ganz famos

ESSEN & TRINKEN

EDELWEISS CAFÉ

In einem schön restaurierten chinesischen *shophouse* eingerichtetes Restaurant, das Bratwürste und Schweizer Gerichte serviert. Im ersten Stock finden Sie eine kleine INSIDER TIPP private Sammlung zur jüngeren (Kultur-)Geschichte Malaysias. Fragen Sie die Wirtin Theresa. *38, Lebuh Armenian | Tel. 04 2 61 89 35 | www.edelweisscafe.com |* €€

MUM'S NYONYA CUISINE

Exzellente Nyonya-Gerichte zu überaus angemessenen Preisen bekommen Sie in dem kleinen klimatisierten Restaurant kommunikativer Atmosphäre und Livemusik. *20, Lebuh Leith |* €

SIGI'S BAR GRILL

Im schicken Strandrestaurant bekommen Sie gutes, wenn auch recht teures Seafood und westliche Gerichte in touristischem Ambiente. *Shangri-La Golden Sands Resort | Batu Ferringhi | Tel. 04 8 86 18 52 |* €€–€€€

EINKAUFEN

Ein Bummel durch die Gassen der Altstadt lohnt sich. Hier werden in zahlreichen kleinen Geschäften Antiquitäten, Stoffe, Kleidung, Tempelzubehör und vieles mehr angeboten. In der *Lebuh Chulia* und *Lebuh Campbell* finden Sie interessante Boutiquen. Die kleinen indischen Läden in der *Jalan Masjid Kapitan Keling* und den Seitenstraßen bieten Textilien, Gewürze und DVDs indischer Filme an. Das *Gurney Paragon*, ein modernes Einkaufszentrum, liegt am Gurney Drive im Vorort Pulau Tikus auf dem Weg nach Batu Ferringhi.

INSIDER TIPP LITTLE PENANG STREET MARKET

Der Markt findet an jedem letzten Sonntag eines Monats *(10–17 Uhr)* im Fußgängerbereich der *Jalan Upper Penang* statt. Die meisten Verkaufsstände stammen von einheimischen Wohltätigkeitsorganisationen. Künstler, Bands oder Tanzgruppen unterhalten das Publikum. *www.littlepenang.com.my*

AM ABEND

DISKOTHEKEN UND CLUBS

Das Nachtleben spielt sich in Georgetown vor allem in den großen Hotels ab. Die *Slippery Senoritas* in der Jalan Upper Penang und die kleineren benachbarten Bars mit Livemusik sind abends gut besucht, genau wie das *Soho Free House* in der Jalan Penang, ein klassisches Pub im britischen Stil.

ÜBERNACHTEN

EASTERN & ORIENTAL

In dem stilvollen, 1885 erbauten Luxushotel stiegen schon Hermann Hesse und Somerset Maugham ab. Es besitzt mehrere Restaurants und Bars. *100 Suiten | 10, Lebuh Farquhar | Tel. 04 2 22 20 00 | www.e-o-hotel.com* | €€€

HARD ROCK HOTEL

Die 250 Zimmer des Strandhotels mit riesiger Poollandschaft sind mit neuester Technik ausgestattet. Memorabila berühmter Rockmusiker schmücken das Café, dort und in der Lobby gibt es auch Livemusik; kinderfreundlich. *Batu Ferringhi | Tel. 04 8 81 17 11 | penang.hardrock-hotels.net* | €€€

HUTTON LODGE

Einige der 25 sauberen Zimmer in einem netten alten Wohnhaus sind mit Gemeinschaftsduschen, andere ohne Fenster. Auch Betten im Schlafsaal gibt es. *17, Jalan Hutton | Tel. 04 2 63 60 03 | www.huttonlodge.com* | €

LOW BUDG€T

Die Tune-Hotels sind eng verbunden mit der Billigfluglinie AirAsia und funktionieren nach demselben Prinzip: Das Hotel bietet ein Basisangebot, Extras kosten. Das *Tune Hotel Kuala Lumpur* **(U C1)** ***(c1)*** ist das Flaggschiff der Kette und offeriert günstige Übernachtungen im Herzen der Stadt. *275 Zi. | 316, Jalan Tuanku Abdul Rahman | www.tunehotels.com*

Hochkultur zum Niedrigpreis: Das Weltklasseorchester MPO spielt für gerade mal RM 40 zur MPO Happy Hour in der Konzerthalle der Petronas Twin Towers **(U F1)** ***(f1)***. *Unregelmäßig Mi 18.30 Uhr | Reservierung: Tel. 03 23 31 70 07 | www.mpo.com.my*

Ein ortstypisches Abendessen an den legendären *foodstalls* (Essensständen) in der Altstadt von Georgetown ist genauso ein Muss für Penang-Besucher wie ein Dinner in Pulau Tikus am Meer.

Und abends 'ne Runde Billard: entspanntes Nachtleben in Georgetown

INSIDER TIPP NOORDIN MEWS
Höchst freundliches Boutiquehotel mit persönlichem Service und liebevoll eingerichteten Zimmern und Suiten beiderseits des kleinen Pools. *18 Zi. | 53, Lebuh Noordin | Tel. 04 2637125 | www.noordinmews.com* | €€€

AUSKUNFT

PENANG GLOBAL TOURISM
Gute Informationsbroschüren zu Penang. *The Whiteaways Arcade | 8B, Lebuh Pantai | Tel. 04 2631166 | www.tourismpenang.net.my, www.visitpenang.gov.my, mypenang.gov.my*

ZIEL IN DER UMGEBUNG

BATU FERRINGHI (130 A2) (*🕮 A3*)
Viele Urlauber übernachten in den Strandresorts von Batu Ferringhi im Norden der Insel, 40 km von Georgetown entfernt. Abwechslung zum Strandleben bieten Wanderwege im *Penang National Park*, die *Schmetterlingsfarm Entopia (tgl. 9–18 Uhr | Richtung Balik Pulau | Eintritt RM 27 | Tel. 04 8811106 | www.entopia.com)*, der *Tropical Spice Garden (tgl. 9–18 Uhr | Richtung Teluk Bahang | Eintritt RM 28 | Tel. 04 8811797 | www.tropicalspicegarden.com)* und die *Tropical Fruit Farm (tgl. 9–18 Uhr | Richtung Balik Pulau | Touren RM 40 | Tel. 04 8665168 | www.tropicalfruitfarm.com.my)*.

IPOH

(130 B3) (*🕮 B4*) **Die Hauptstadt von Perak (700 000 Ew.) lockt mit exzellenten Restaurants und einer Vielzahl von repräsentativen kolonialen Prachtbauten. Zudem liegen in der unmittelbaren Umgebung tolle Höhlen in steil emporragenden Kalksteinfelsen.**

Ihren Wohlstand verdankt die Stadt ihrer Lage im Kinta Valley, wo Mitte des 19. Jhs. die größten Zinnvorkommen der Welt entdeckt wurden. Die boomende Zinnindustrie machte Ipoh in atemberaubender

Geschwindigkeit zur „Stadt der Millionäre". Zehntausende Glücksritter kamen aus dem fernen China ins Flusstal. Die meisten scheiterten, aber nicht wenige erlangten großen Reichtum. Auch die Kolonialbeamten verdienten prächtig am Geschäft mit dem begehrten Erz, sodass im Stadtzentrum glanzvolle Verwaltungsgebäude, Banken und Geschäftshäuser entstanden.

SEHENSWERTES

BAHNHOF

Das riesige, prachtvolle Bahnhofsgebäude wurde ab 1917 nach den Plänen des bekannten britischen Architekten A. B. Hubback im kolonialen Moghul-Stil erbaut. Er hatte bereits den alten Hauptbahnhof und die Masjid Jamek (Jamek-Moschee) in Kuala Lumpur entworfen. Das dreistöckige Gebäude lässt erahnen, wie wohlhabend Ipoh zur damaligen Zeit gewesen sein muss.

HISTORISCHES ZENTRUM

Die meisten Prachtbauten stehen im alten Zentrum zwischen der Bahnlinie und dem Kinta-Fluss. Dazu gehören das gegenüber dem Bahnhof gelegene, ganz in Weiß gehaltene ehemalige Rathaus *Dewan Bandaraya*, das heute ein Auditorium beherbergt, das angrenzende *Gerichtsgebäude* des High Court und der traditionsreiche *Royal Ipoh Club (www.royalipohclub.org.my)* am Padang. Hinter dem alten Rathaus erinnert der im Jahr 1909 errichtete Uhrturm an die Ermordung des ersten britischen Residenten J. W. W. Birch.

PERAK DARUL RIDZUAN MUSEUM

In einer pompösen, während des Booms Anfang des 20. Jhs. von einem Zinnbaron nördlich der Stadt errichteten Villa ist das Darul Ridzuan Museum untergebracht. Während die Ausstellung im Erdgeschoss ausschließlich der Geschichte der Zinnindustrie und dem Alltag in den Minen gewidmet ist, können Sie sich im ersten Stock über den tropischen Regenwald, seine Flora und Fauna sowie seine kommerzielle Nutzung informieren. *Sa–Do 9–17, Fr 9–12.15 u. 14.45–17 Uhr | Jalan Panglima Bukit Gantang Wahab | Eintritt frei*

ESSEN & TRINKEN

BURPS & GIGGLES

Das angesagte Café-Restaurant bietet eine große Auswahl in alle Richtungen: leckeres Frühstück, Kuchen und Burger, gute Weine und Bier. *Mo, Mi–Fr 10–18, Sa/So 9–20 Uhr | Jalan Sultan Yusuf | Tel. 05 2 42 61 88 | www.fb.com/burpsgiggles |* €€

OVERSEA RESTAURANT

Das große kantonesische Restaurant zählt zu den beliebtesten und besten der Stadt. Sie suchen sich Fische, Krebse, Garnelen und andere Meeresfrüchte aus den Tanks aus und wählen eine Zubereitungsart. Reservierung empfehlenswert. *Jalan Seenivasagam | Tel. 05 2 53 80 05 | www.oversea.com.my |* €€–€€€

PURPLE CANE TEA HOUSE

In dem interessant gestalteten Teehaus können Sie (nach Voranmeldung) an einer traditionellen Zeremonie teilnehmen oder im angeschlossenen Restaurant die köstlichen, mit Tee zubereiteten Suppen und Currys genießen. *2, Jalan Datuk Tahwil Azar | Tel. 05 2 53 30 90 | www.purplecane.com.my |* €–€€

INSIDER TIPP RESTORAN FOH SAN

Das zweistöckige, chinesische Dim-Sum-Restaurant ist besonders zum Frühstück sehr beliebt. Sie können sich gedämpfte gefüllte Teigtaschen und andere Snacks Ihrer Wahl von den Wagen aussuchen, die herumgefahren werden. *51, Jalan Leong Sin Nam | Tel. 05 2 54 03 08 | www.fohsan.com.my | €*

EINKAUFEN

Indische Stoffe, Kleider und Schmuck finden Sie in den Läden der *Jalan Sultan Yusuf*. Das moderne Einkaufszentrum *Ipoh Parade (105, Jalan Sultan Abdul Jalil)* beherbergt eine vielseitige Auswahl an Geschäften, dazu u. a. Kinos, Supermärkte und einen großen *food court* im dritten Stock.

FREIZEIT & SPORT

Der große Vergnügungspark *Lost World of Tambun (Mo–Fr 11–18, Sa/So 10–18 Uhr | Eintritt RM 58 | www.sunwaylostworldoftambun.com)* liegt 10 km östlich des Stadtkerns. Neben einem Wasserpark voller Rutschen und Schwimmbecken bietet er auch noch einen Streichelzoo und verschiedene Karussells. Zudem können Sie sich als Zinnschürfer betätigen.

AM ABEND

Die jungen Einheimischen treffen sich in den kreativ gestalteten Restaurants des Kong Heng Square, wie etwa dem *Plan B (So–Do 9–23, Fr/Sa 9–24 Uhr | Tel. 05 2 49 82 86 | www.thebiggroup.co/planb)*. Livemusik gibt es mehrmals wöchentlich in den Bars am Padang.

ÜBERNACHTEN

FRENCH HOTEL

Die komfortablen Zimmer in dem zentral gelegenen Neubau sind modern-minimalistisch gestaltet. *48 Zi. | 60–62, Jalan Dato Onn Jaafar | Tel. 05 2 41 30 30 | www.frenchhotel.com.my | €€*

REGALODGE HOTEL

Der aufmerksame Service und das hervorragende Restaurant entschädigen für die etwas kleinen, aber dennoch angenehmen Zimmer. *86 Zi. | 131, Jalan Raja Ekram | Tel. 05 2 42 55 55 | www.regalodge.com.my | €€*

THE SYUEN HOTEL

Das größte Hotel der Stadt ist zwar schon etwas älter, die Zimmer sind aber immer noch sehr komfortabel und sauber. Zudem verfügt es über einen Swimmingpool und ein Fitnesscenter. *289 Zi. | 88, Jalan Sultan Abdul Jalil | Tel. 05 2 53 88 89 | www.syuenhotel.com | €€–€€€*

AUSKUNFT

Jalan Tun Sambanthan | Tel. 05 2 08 31 55 | www.peraktourism.com

ZIELE IN DER UMGEBUNG

HÖHLENTEMPEL (130 B3) (*🗺 B4*)

In den fotogenen, steil emporragenden Karstfelsen am Fuß des Gunung Rapat 6 km südlich des Zentrums liegen zahllose natürliche Höhlen. Einige von ihnen wurden bereits früh von Immigranten zu taoistischen und buddhistischen *Tempeln (alle tgl. 8–16.30 Uhr)* ausgebaut. Hinter dem kitschig-bunten, erst 1990 eingerichteten *Ling-Sen-Tong-Tempel* mit einer großen Statue der Schutzgöttin Kuan Yin erreichen Sie den 1867 begründeten, mittlerweile modernisierten *Nam-Thean-Tong-Tempel.* Der bedeutendste und größte der Höhlentempel ist der von einem hübschen, gepflegten chinesischen Garten umgebene *Sam Po Tong.* In dem dahinter liegenden, von Felsen eingerahmten Garten können Sie Schildkröten füttern, was Glück und ein langes Leben versprechen soll.

KELLIE'S CASTLE (130 B3) (*🗺 B4*)
Der schottische Pflanzer und Minenbesitzer William Kellie Smith wollte sich in den 1920er-Jahren ein opulentes Landhaus als Zeichen seines Erfolgs erbauen lassen. Das Projekt stand jedoch unter keinem guten Stern: Viele der extra aus Indien angeworbenen Arbeiter starben an einer mysteriösen Krankheit und Kellie verlor während der Bauphase sein gesamtes Vermögen aufgrund der Weltwirtschaftskrise. Die beeindruckenden Ruinen können Sie etwa 25 km südlich des Stadtzentrums nahe Batu Gajah besichtigen. Man munkelt, Kellies Geist spuke noch immer nachts durch den zweiten Stock. Mit den teils von Schlingpflanzen überwucherten Gewölben im maurischen Stil bot das Gebäude die romantische Kulisse für den Film „Anna und der König von Siam". *Tgl. 9–18 Uhr | Eintritt RM 10*

KUALA LUMPUR

KARTE IM HINTEREN UMSCHLAG
(130 B–C4) (*🗺 B5*) **Die Metropole (1,6 Mio. Ew.) wurde 1957 zur Hauptstadt des unabhängigen Malaysia.**

WOHIN ZUERST?
Kuala Lumpur Tower (U D2) (*🗺 d2*): Neuankömmlinge sind von den bunten Farben, fremden Gerüchen und lauten Geräuschen der Stadt oft überfordert. Einen sanften Einstieg bietet Ihnen da eine Fahrt auf den *KL Tower (Monorail-Station Bukit Nanas oder LRT-Station Dang Wangi)*. Aus luftiger Höhe können Sie sich erst einmal einen Überblick über die asiatische Metropole verschaffen.

Höhlen, Schildkröten und viele Buddha-Statuen: der faszinierende Sam-Po-Tong-Tempel

In den vergangenen 50 Jahren haben sich mehrere Zentren herausgebildet: am kanalisierten Zusammenfluss von Gombak und Kelang, wo Zinnsucher 1857 die ersten Bretterbuden an der „schlammigen Flussmündung" *(Kuala Lumpur)* aufgestellt hatten. Oder auf der Geraden zwischen St. Mary's Church und dem ehemaligen Hauptbahnhof, an der um die Wende zum 20. Jh. Repräsentationsbauten der Briten entstanden. In Chinatown treffen sich die Leute in Kneipen und kleinen Geschäften, die von Singvögeln bis hin zu Handys alles verkaufen.

Auch Kuala Lumpur leidet unter zu vielen Autos und täglichen Staus, aber im Vergleich mit anderen Großstädten der Region ist das noch harmlos. Die Stadt verfügt über ein gutes öffentliches Nahverkehrssystem. Im letzten Jahrzehnt entstand ein integriertes Bus- und Bahnnetz *(www.myrapid.com.my)* für die Innenstadt und das gesamte Klang Valley, dessen Zentrum der neue Hauptbahnhof *Kuala Lumpur Sentral (www.klsentral.com.my)* ist. In der Innenstadt verkehren eine Monorail, die Hochbahn *LRT (Light Rail Transit)* und Busse, bis zum Airport gelangen Sie mit dem KLIA Ekspres und KLIA Transit *(www.kliaekspres.com)*, bis in andere Zentren im Klang Valley mit den Zügen von KTM Komuter *(www.ktmb.com.my)*. Darüber hinaus fahren Überlandbusse von Transnasional *(www.transnasional.com.my)* und anderen privaten Gesellschaften. Das Auto bleibt Transportmittel Nummer eins, Fußgänger werden als Verkehrsteilnehmer noch immer kaum wahrgenommen.

SEHENSWERTES

CENTRAL MARKET (PASAR SENI) ●
(U C4) *(🕮 c4)*

Der 1936 erbaute einstige *Wet Market* am Klang River wurde völlig umgestaltet. Er bietet neben Souvenirs Kunsthandwerk aus allen Landesteilen. Im benachbarten *The Annexe@Central Market* stellen Künstler in kleinen Galerien aus. Zur Stärkung empfehlen sich im Hauptgebäude der Essensmarkt sowie die Cafés *Old Town White Coffee* und *Secret Recipe* oder das mit Antiquitäten eingerichtete *Precious Old China Restaurant & Bar (Tel. 03 22 73 73 72 | €)*, das Nyonya-Essen serviert. *Jalan Hang Kasturi | LRT-Station Pasar Seni*

CHINATOWN (U C4) *(🕮 c4)*

Obgleich funktionale Gebäude viele der alten Häuser ersetzt haben, gibt es noch Kleinode zu entdecken. Etwas versteckt liegt der *Sin-Sze-Si-Ya-Tempel (Lebuh Pudu)*, um 1864 dem Schutzpatron der Pioniere gestiftet. Beim *Sri-Mahamariamman-Tempel* (1873) beginnt am *Thaipusam*-Fest der farbenprächtige Pilgerzug zu den Batu Caves. Die *Jalan Petaling* ist für ihren geschäftigen Straßenmarkt bekannt.

HISTORISCHES ZENTRUM
(U B2–5) *(🕮 b2–5)*

In der Nähe des von 1885 bis 1911 im maurischen Stil gebauten ehemaligen Hauptbahnhofs an der Jalan Sultan Hishamuddin befindet sich die *Staatsmoschee (Masjid Negara)* mit ihrem 75 m hohen Minarett. An der Jalan Raja steht das im maurischen Stil erbaute *Sultan Abdul Samad Building*, der frühere Sitz der Kolonialregierung. Am Wochenende wird es von unzähligen Lichtern umrahmt – eine Atmosphäre wie aus 1001 Nacht.

Hinter dem Gebäude erhebt sich die älteste Moschee der Stadt, die *Masjid Jamek*. Nach wenigen Schritten erreichen Sie *Little India* entlang der Jalan Tunku Abdul Rahman mit vielen Stoff- und Schmuckläden, Restaurants und Straßenverkäufern. Nah bei den Petronas

Twin Towers liegt das *Kampung Baru (neues Dorf)*, in dem Malaien leben. Der dortige Markt *(tgl. ab 18 Uhr bis spät)* ist eine Attraktion.

Gegenüber dem Sultan Abdul Samad Building weht auf dem *Merdeka Square* die malaysische Flagge. Der Nationalfeiertag am 31. August wird überall im Land mit Festen und Paraden begangen, die zentrale Feier in Kuala Lumpur findet am Merdeka Square statt. In unmittelbarer Nachbarschaft des Platzes steht die 1894 geweihte *St. Mary's Church.*

INSIDER TIPP KUALA LUMPUR TOWER (U D2) *(d2)*

Der Fernsehturm, kurz KL-Tower genannt, reckt sich stolze 421 m in die Höhe. Der Blick von der Aussichtsterrasse und dem *Open Deck* darüber *(276 m bzw. 300 m | Eintritt RM 52)* auf die Stadt ist beeindruckend, eine mindestens genauso schöne Aussicht haben Sie außerdem abends aus dem Drehrestaurant *Atmosphere 360 (Reservierung obligatorisch: Tel. 03 20202121 | www.atmosphere360.com.my | €€€)*. Der Turm liegt im *Bukit Nanas Forest Reserve*, einem winzigen Waldreservat. *Tgl. 8–18 Uhr | www.menarakl.com.my*

Beim Anblick des Sultan Abdul Samad Building wähnt man sich fast im Orient

ISLAMIC ARTS MUSEUM ★ (U B4) *(b4)*

Hinter der Nationalmoschee gelegen, bietet das schöne Museum imposante islamische Architektur, eine sehr interessante Dauerausstellung zur islamischen Kultur und im Erdgeschoss Sonderausstellungen. *Tgl. 10–18 Uhr | Jalan Lembah Perdana | Eintritt RM 14 | www.iamm.org.my*

NATIONAL ART GALLERY (O) *(O)*

In den Räumen der National Art Gallery sind mehr als 2500 Kunstobjekte einheimischer und internationaler Künstler ausgestellt. *Tgl. 10–12.15, 14.45–18 Uhr | 2, Jalan Temerloh 2 | Eintritt frei*

Stillleben nach malaysischem Muster: Verschnaufpause im Nationalmuseum

NATIONAL MUSEUM (MUZIUM NEGARA) (U A5) (*a5*)
Schöne Sammlung zur malaysischen Geschichte und zur Kultur des Landes. *Tgl. 9–18 Uhr | Jalan Damansara | Eintritt RM 5 | kostenlose Führungen Mo–Sa 10 Uhr | www.muziumnegara.gov.my*

PERDANA BOTANICAL GARDEN (TUN ABDUL RAZAK HERITAGE PARK)
(U A3–5) (*a3–5*)
Im größten und ältesten Stadtpark liegen südlich der Jalan Palimen der *Orchid Garden* mit rund 800 Orchideenarten und der *Hibiscus Garden (beide tgl. 7–20 Uhr | Eintritt werktags frei, sonst RM 1)*. Auch der *Butterfly Park (tgl. 9–18 Uhr | Eintritt RM 22)* mit seinen mehr als 6000 Schmetterlingen, der *Bird Park (tgl. 9–18 Uhr | Eintritt RM 50 | www.klbirdpark.com)* und das *National Planetarium (Di–So 9–16.30 Uhr | Jalan Perdana | Eintritt frei, Shows RM 12 | Tel. 03 22 73 43 03 | www.planetariumnegara.gov.my)* mit Kino und Aussichtsturm.

PETRONAS TWIN TOWERS ★
(U F1) (*f1*)
Bis Oktober 2003 waren die Zwillingstürme die höchsten Gebäude der Welt. Eine gute Aussicht hat man von der *Skybridge* in der 41. und dem *Observation Deck* in der 86. Etage. Die 1200 Tickets pro Tag für RM 85 sind schnell vergriffen. Anstatt sich frühmorgens anzustellen, bestellen Sie besser über die Website vor. *Di–So ab 8.30 Uhr | www.petronastwintowers.com.my*

ESSEN & TRINKEN

BAVARIAN BIERHAUS (U F2) (*f2*)
Im luftigen Restaurant und auf der schattigen Terrasse werden Schweinshaxen ebenso aufgetischt wie Tapas. *Wisma UOA II. 21, Jalan Pinang | Tel. 03 21 44 28 26 | €€–€€€*

BOMBAY PALACE (U E2) (*e2*)
In edlem Ambiente wird exzellente nordindische Küche serviert. *20, Jalan Sultan*

Ismail, Life Centre | Tel. 03 21 71 72 20 | lifecentre.com.my/outlet/bombay-palace-3 | €€–€€€

COLISEUM CAFE (U C2) (*🗺 c2*)
Restaurant aus der Kolonialzeit in der Nähe des Merdeka Square und der Masjid India, das für seine saftigen Steaks *(sizzling steaks)* bekannt ist. *100, Jalan Tuanku Abdul Rahman | Tel. 03 26 92 62 70 | www.coliseum1921.com* | €–€€

INSIDER TIPP **FOOD REPUBLIC**
(U F3) (*🗺 f3*)
Phantastisches Gourmetparadies mit zahlreichen internationalen Essensständen im Einkaufszentrum Pavilion Kuala Lumpur. *Jalan Raja Chulan/Jalan Bukit Bintang* | €

OLD CHINA CAFE (U C4) (*🗺 c4*)
Kleines Chinatown-Restaurant im Stil der 1930er-Jahre. Nyonya- und koloniale Küche. *11, Jalan Balai Polis | Tel. 03 20 72 59 15 | www.oldchina.com.my* | €€

EINKAUFEN

Besonders viele Geschäfte und moderne Einkaufszentren liegen im Goldenen Dreieck an der *Jalan Bukit Bintang* (U F3–4) (*🗺 f3–4*), *Jalan Sultan Ismail* (U F3–4) (*🗺 f3–4*), *Jalan Imbi* (U F4) (*🗺 f4*) und *Jalan Ampang* (U E–F1) (*🗺 e–f1*). Ein Highlight ist das ● *KLCC in den Petronas Twin Towers* (U F1) (*🗺 f1*). In Chinatown (U C3–4) (*🗺 c3–4*), an den Geschäftsstraßen *Jalan Petaling* und *Jalan Hang Lekir*, findet ein großer touristischer *Straßenmarkt (tgl. 10–22 Uhr)* statt. Im malaiischen Stadtteil *Kampung Bahru* (O) (*🗺 O*) ist der *lokale Markt (tgl. 18–23 Uhr | Jalan Raja Muda)* ein Erlebnis. Die *Jalan Kia Peng* (U F2) (*🗺 f2*) ist eine trendig-noble Wohngegend mit Galerien, Boutiquen, Restaurants und Nachtclubs.

FREIZEIT & SPORT

Wegen des tropisch-schwülen Klimas ziehen sich Einheimische zum Sport zumeist in klimatisierte Räume zurück. Beliebt sind Badminton und ein Besuch in einem Fitnesscenter in den großen Hotels oder Einkaufszentren. Einige stehen gegen Gebühr auch Nicht-Mitgliedern und Gästen von außerhalb offen. Ebenfalls klimatisiert ist die Kletterhalle *Camp 5 Climbing Gym* (U O) (*🗺 O*) *(1 Utama Shopping Centre | Bandar Utama | Klettern RM 33 | Tel. 03 77 26 04 20 | www.camp5.com)*. Wer in einem Hotel ohne Swimmingpool wohnt, hat im großen *Chin Woo Stadium* (U D4) (*🗺 d4*) *(Jalan Hang Jebat | Eintritt RM 4)* in Chinatown die Möglichkeit, baden zu gehen.

AM ABEND

Für Nachtschwärmer ist die *Changkat Bukit Bintang* mit der angrenzenden INSIDER TIPP *Jalan Alor Food Street* (U E–F3) (*🗺 e–f3*) wegen ihrer Pubs, Restaurants und Essensständen der perfekte Anlaufpunkt. Eine angesagte Ausgehgegend namens *TREC* (O) (*🗺 O*) *(trec.com.my)* liegt an der südlichen *Jalan Tun Razak*. Hinter dem *Zouk Club* reihen sich entlang einer attraktiv gestalteten Fußgängerzone Bars und Restaurants, so z. B. das *Live House (So–Do 12–2, Fr/Sa 12–5 Uhr)* mit erstklassiger Livemusik und Comedy Nights. Einheimische und hier ansässige Ausländer sind in der Gegend um die *Jalan Telawi* (O) (*🗺 O*) im Stadtteil Bangsar und im Zentrum von *Sri Hatamas* (O) (*🗺 O*) unterwegs. Für Touristen ist der Besuch des *Straßenmarkts in Chinatown* (U C4) (*🗺 c4*) ein Muss.

BARS UND DISKOTHEKEN

Eine der größten und stets gut besuchten Diskos ist der fast schon legendäre *Zouk*

Club (O) (*O*) *(Di–Sa 21–3 Uhr | 436, Jalan Tun Razak | www.zoukclub.com.my)*, beliebt ist auch das *Hard Rock Cafe* (U E1) (*e1*) *(Concorde Hotel, Ground Floor | 2, Jalan Sultan Ismail | www.hardrock.com)*. Gediegener geht es in *The Whisky Bar (So–Do 16–1, Fr/Sa 16–3 Uhr | 46 Changkat Bukit Bintang | Tel. 03 21 43 22 68 | www.thewhiskybarkl.com)* zu. In Ledersesseln zurückgelehnt, können Sie hier eine riesige Auswahl an edlen Tropfen genießen.

Die INSIDERTIPP *Heli Lounge Bar* (U F2) (*f2*) *(So–Do 18–24, Fr/Sa 18–3 Uhr | Menara KH | Jalan Sultan Ismail | Tel. 03 21 10 50 34 | www.fb.com/Helilounge bar)* liegt spektakulär auf dem Hubschrauberlandeplatz eines Hochhauses. Besonders zum Sonnenuntergang genießen Sie bei einem moderat bepreisten Drink die sagenhafte Aussicht über Kuala Lumpur. Ebenfalls ein perfekter Hangout mit tollem Blick über die Stadt ist die *Sky Bar* (U F2) (*f2*) *(So–Do 10–1, Fr/Sa 10–3 Uhr | Tel. 03 23 32 98 88 | www.skybar.com.my)* im 33. Stock des Traders Hotels.

KINO

Ein ganz besonderes Kinoerlebnis ermöglichen die *Gold Class Cinemas (z. B. im Pavilion Kuala Lumpur* (U F3) (*f3*) *| www.gsc.com.my)*. Ab einem Eintritt von RM 44 schauen Sie die neuesten Filme entspannt zurückgelehnt in ultrakomfortablen Luxussesseln, die mit den Sitzen der ersten Klasse im Flugzeug vergleichbar sind. Eine flauschige Decke gibt es auch dazu.

MUD (U C3) (*c3*)

Das unterhaltsame und kurzweilige Musical ist eine spaßige, farbenfrohe Einführung in die Geschichte der Stadt. *Vorstellungen tgl. 15 und 20.30 Uhr | Panggung Bandaraya | Lorong Panggung | Jalan Raja | Eintritt 85 RM | Tel. 03 26 02 33 35 | www.mudkl.com*

INSIDERTIPP NO BLACK TIE JAZZ CLUB

(U E3) (*e3*)

Treffpunkt der Jazzszene mit lauschiger Atmosphäre und toller Livemusik. Am besten Sie reservieren oder erscheinen vor 21 Uhr. *Mo–Sa 17–1 Uhr | 17, Jalan Mesui | Tel. 03 21 42 37 37 | www.noblacktie.com.my*

PETRONAS-KONZERTHALLE (DEWAN FILHARMONIK PETRONAS)

(U F1) (*f1*)

Die Konzerthalle liegt direkt unterhalb der Twin Towers. Hier finden klassische und Jazzkonzerte mit internationaler Starbesetzung statt. *www.dfp.com.my*

ÜBERNACHTEN

ANGGUN BOUTIQUE HOTEL

(U E4) (*e4*)

Mittendrin im Geschehen und dennoch ruhig wohnen Sie rund um einen schönen Lichthof in einem der 18 geschmackvoll im asiatischen Stil gestalteten Zimmer. *7 & 9, Tengkat Tong Shin | Tel. 03 21 45 80 03 | www.anggunkl.com |* €€–€€€

CHINATOWN BOUTIQUE HOTEL

(U C4) (*c4*)

Mitten in Chinatown gelegenes Hotel mit kleinen, preisgünstigen Zimmern. *47 Zi. | 34 & 36, Jl. Hang Lekir | Tel. 03 20 72 33 88 | www.chinatownboutiquehotel.com |* €

CLASSIC INN (U F4) (*f4*)

Ruhig gelegenes Hostel mit 34 kleinen, einfachen, aber sauberen Zimmern und Schlafsaal. *36, Jalan 1/77a | Changkat Thambi Dollah | Tel. 03 21 48 86 48 | www.classicinn.com.my |* €–€€

SWISS-GARDEN HOTEL (U E4) (*🕮 e4*)
Familienfreundliches Vier-Sterne-Haus in zentraler Lage mit kleinem Pool. Gutes Frühstücksbüffet. *310 Zi. | 117, Jalan Pudu | Tel. 03 27851111 | www.swissgarden.com* | €€€

TRADERS HOTEL (U F2) (*🕮 f2*)
Stylishes Hotel mit modern gestalteten Zimmern und Suiten sowie einer phantastischen Skybar mit Pool am KLCC. *571 Zi. | Tel. 03 23329888 | www.shangri-la.com/kualalumpur/traders* | €€€

AUSKUNFT

MATIC (MALAYSIAN TOURISM CENTRE)
109 Jalan Ampang | Tel. 03 92354800 | www.matic.gov.my

TOURISM MALAYSIA
Im Kuala Lumpur Sentral (Hauptbahnhof, Ankunftshalle) | Tel. 03 22743125

ZIELE IN DER UMGEBUNG

BATU CAVES ● (130 C4) (*🕮 B4*)
Die mächtigen Kalksteinhöhlen befinden sich etwa 12 km nördlich von Kuala Lumpur. Dieser Höhlenkomplex ist einer der wichtigsten Wallfahrtsorte für malaysische Hindus. Alljährlich treffen sich über eine Million Gläubige vor und in den Höhlen zum *Thaipusam*-Fest (s. S. 114). Vorbei an der 42 m hohen, goldglänzenden Statue von Lord Murugan führen 272 Stufen hinauf zum Eingang der Haupthöhle. Hier wird verschiedenen Hindugöttern geopfert. Durch die recht naturbelassene, 68 Stufen tiefer gelegene *Dark Cave (www.darkcavemalaysia.com)* werden spannende Führungen angeboten.

Farbenfrohes Spektakel: das hinduistische Thaipusam-Festival bei den Batu Caves

CAMERON HIGHLANDS ★
(130 B3) (*🕮 B4*)
Wie grüne Teppiche überziehen Teeplantagen und Obst- und Gemüsefelder die

Hügellandschaft knapp 200 km nördlich von Kuala Lumpur. Am frühen Morgen hängen Nebelschwaden in den Bergtälern, und nachmittags entladen sich oft Regenwolken am *Gunung Brinchang* (2032 m). Das Thermometer steigt selten über 24 Grad. Touren zu den Teeplantagen sind jederzeit möglich, wobei das informative INSIDER TIPP *Sungai Palas BOH Tea Estate (Di–So 9–16.30 Uhr | Tel. 05 4 96 12 88 | www.boh.com.my)* allein schon wegen seiner modernen Architektur und Lage lohnt. Interessant sind die ● kostenlosen geführten Touren durch die angeschlossene Teefabrik. Es handelt sich hierbei um die letzte Manufaktur, die Teeblätter noch mit alten Maschinen verarbeitet. Im Anschluss können Sie sich beim tollen Ausblick auf die saftiggrünen Felder ein frisch aufgebrühtes Heißgetränk genehmigen.

Über 24 einfache Zimmer mit Balkon verfügt das *Hillview Inn (17, Jalan Mentigi | Tel. 05 4 91 29 15 | www.hillview-inn.com | €–€€)* am Ortsrand von Tanah Rata, das neben dem 3,5 km entfernten Brinchang einer der beiden Hauptorte ist. Komfortabler und einladender sind die hellen, geräumigen Zimmer im ruhigen *Arundina (12 Zi. | 17, Jalan Mentigi | Tanah Rata | Tel. 05 4 91 11 29 | www.arundina.com | €€)*. Westlich dinieren Sie im populären *The Lord's* Cafe *(Jalan Besar 4 | Tanah Rata | Tel. 05 4 91 40 83 18 | €–€€)*. Direktbusse von der *Pudu Raya Station* in Kuala Lumpur brauchen fünf, von Penang aus dauert die Fahrt in die Cameron Highlands sechs Stunden.

FRASER'S HILL (BUKIT FRASER)

(130 C4) (*B5*)

Als der Schotte Louis James Fraser wegen Opiumhandels und des Betreibens einer Spielhölle 1916 von den Behörden gesucht wurde, verlor sich seine Spur 100 km nördlich von Kuala Lumpur. Die Berglandschaft erhielt daraufhin seinen Namen und wurde zu einer populären *Hillstation* auf 1524 m. Das frische Klima verlockt zum Wandern – etwa zum 4 km von der Ortschaft entfernten *Jeriau-Wasserfall*. Man kann golfen, und es gibt ein Sportzentrum. Im *Ye Olde Smokehouse (12 Zi. | Tel. 09 3 62 22 26 | www.thesmokehouse.my | €€€)* wird koloniale Nostalgie zelebriert. Fraser's Hill ist am einfachsten mit dem KTM-Komuter-Zug ab Kuala Lumpur Sentral bis Kuala Kubu

HILLSTATIONS

Seit der britischen Kolonialzeit bieten die Bergregionen *Maxwell Hill* bei Taiping, *Fraser's Hill* und die *Cameron Highlands* ein Kontrastprogramm zur Hitze der Tiefebene. Vor allem in den weitläufigen Cameron Highlands rekelt man sich in der kühlen Höhe vor dem Kaminfeuer, nascht Scones oder frische Erdbeeren. An sonnigen Tagen lohnen Wanderungen durch die üppige Vegetation zu Wasserfällen und Aussichtspunkten. Man kann golfen, Blumen-, Gemüse-, Schmetterlingsgärten und Teeplantagen besuchen. Zwischen kolonialen Landsitzen werden allerdings emsig Apartmenthäuser und Hotels gebaut. Und an Feiertagen sind die Hotels ausgebucht, obwohl die Übernachtungspreise dann doppelt so hoch sein können. Von Juli bis Dezember ist es in den *Hillstations* regnerischer, nebliger und kühler.

Fluchtpunkt Kühle: Teefelder in den Cameron Highlands, 200 km nördlich von Kuala Lumpur

Bharu und anschließend einem Taxi für RM 90 zu erreichen. Ein Sammeltaxi ab Pudu Raya kostet RM 200.

GENTING HIGHLANDS (130 C4) (*🗺 C5*)
In den Wolkenkratzern des kuriosen Vergnügungszentrums, das 54 km nordöstlich von Kuala Lumpur auf knapp 1800 m Höhe liegt, sind Spielkasinos, Nachtclubs, Hotels und Restaurants untergebracht, dazu gibt es eine Fülle von Sportangeboten und Vergnügungsparks. Busse und Sammeltaxis fahren ständig ab Kuala Lumpur zu der Anlage. *Auskunft: www.rwgenting.com.my*

KEPONG FORESTRY PARK (FRIM)
(130 B4) (*🗺 B5*)
In einem tropischen Regenwald 22 km nördlich der City locken markierte Wanderwege und Picknickplätze. In der Forschungsstation gibt es einen Ethno-Botanischen Garten, mehrere Pflanzensammlungen und eine informative Ausstellung in der forstwirtschaftlichen Research Gallery. Das Highlight ist der INSIDER TIPP Canopy Walkway *(Sa–Do, 9.30–14.30 Uhr | Anmeldung im One Stop Centre | Eintritt RM 10)*, schwingende Hängebrücken, die in bis zu 30 m Höhe durch die Wipfel der Baumriesen führen. *Tgl. 7–19 Uhr | Eintritt RM 6, Auto 5 RM | Tel. 03 62 79 70 00 | www.frim.gov.my | Zug bis Kepong, weiter mit dem Taxi*

NATIONAL ELEPHANT CONSERVATION CENTRE ★ (130 C4) (*🗺 C4–5*)
Nach etwa einer Stunde Fahrt auf dem Highway nach Kuantan erreichen Sie die Abzweigung zum Zentrum in Kuala Gandah, das sich dem Schutz und Erhalt der malaysischen Elefanten verschrieben hat. Besucher können hier beim Füttern und Baden der Dickhäuter helfen. In Kuala Lumpur werden Touren zum Zentrum angeboten. *Tgl. 8–12.30, 14.30–16.30 Uhr, Einführungsvideo 13 u. 13.30 Uhr | Spende erwünscht | Tel. 09 2 79 03 91 | www.nre.gov.my/en-my/EcoPark/Pages/National-Elephant-Conservation-Centre.aspx*

MELAKA

(130 C5) (🗺 C5) **In der Altstadt zeigt sich die glorreiche Vergangenheit der ältesten Stadt Malaysias.**

Um 1400 gegründet und nacheinander von Portugiesen, Holländern und Briten beherrscht, erlebte die Hauptstadt (484 000 Ew.) des gleichnamigen Bundesstaats durch den Bau des internationalen Flughafens KLIA, der zwei Stunden nördlich liegt, einen immensen Aufschwung. Auch der Tourismus boomt, seit Melaka 2008 zum Weltkulturerbe erklärt wurde.

Die relativ kleine Altstadt nahe der Mündung des Sungai Sarawak lässt sich gut zu Fuß erkunden. Am östlichen Flussufer erstreckt sich unterhalb des *St. Paul's Hill* das koloniale Verwaltungszentrum, westlich des Flusses liegen die traditionellen Wohn- und Geschäftshäuser der multikulturellen asiatischen Bewohner. Die Nachkommen aus Verbindungen zwischen Portugiesen und Einheimischen siedeln rings um den *Medan Portugis*, 3 km östlich. Sie sind um den Erhalt ihrer Traditionen bemüht, vor allem ihrer Sprache *kristão*, eines archaischen Kreol-Portugiesisch. Von der frühen Anwesenheit der Chinesen zeugt *Bukit China*, ein Hügel am Stadtrand, der mit verwitterten chinesischen Gräbern aus der Zeit von 1360 bis 1644 übersät ist. Vor den Kolonialbauten entstand auf neu gewonnenem Land der *Taman Melaka Raya* mit großen Einkaufszentren, Hotels und Restaurants. Kuala Lumpur (144 km) ist in zwei bis drei Stunden erreichbar.

SEHENSWERTES

Englisch sprechende *trishaw*-Fahrer bieten Stadtbesichtigungen mit ihren Fahrradrikschas an *(RM 40–50/Std.)*. An verschiedenen Anlegestellen am Melaka-Fluss können Sie eine 45-minütige, 5,5 km lange Bootsfahrt für RM 5 buchen, die an ehemaligen Lager- und chinesischen Wohnhäusern vorbei zur malaiischen Siedlung *Kampung Morton* führt. Einige der zahlreichen Museen der Stadt lohnen einen Besuch.

ALTSTADT

Vom Roten Platz aus führt eine Brücke in die Altstadt mit den typischen *shophouses*. An der *Jalan Tokong* liegen der älteste hinduistische Tempel Malaysias, *Sri Poyyatha Vinayagar Moorthi* von 1781, und die *Kampung-Keling-Moschee* von 1872 mit einem ungewöhnlichen, pagodenartigen Minarett, das islamische Stilelemente mit chinesischen und hinduistischen verbindet *(Ecke Jalan Lekiu)*. Am Ende der *Jalan Tokong* entzünden Taoisten und Konfuzianer Räucherstäbchen im reich verzierten und 1704 geweihten *Cheng-Hoon-Teng-Tempel*, dem ältesten chinesischen Tempel des Landes. Gegenüber steht der *Siang-Lin-Tempel*. Die Buddhastatue im zweiten Stock wurde aus weißem Carrara-Marmor gefertigt.

BABA NYONYA HERITAGE MUSEUM ★

Viele Familien chinesisch-malaiischer Herkunft brachten es in Melaka zu Reichtum. Das 1896 ausgebaute Elternhaus der Familie Chang Cheng Siew ist in Chinatown öffentlich zugänglich und vermittelt einen guten Eindruck von den damaligen Lebensbedingungen. *Tgl. 10–13 u. 14–17 Uhr | 50, Jalan Tun Tan Cheng Lock | Eintritt RM 16 | Führungen etwa stündlich*

CHENG HO CULTURAL MUSEUM

Die umfangreiche Ausstellung widmet sich dem Leben des berühmten chinesischen Seefahrers Admiral Cheng Ho, der von vielen seiner Landsleute verehrt wird. *Mo–Do 9–17 u. Fr–So 9–18 Uhr | 51,*

Lorong Hang Jebat | Eintritt RM 20 | www.chengho.org/museum

KOLONIALES VERWALTUNGSVIERTEL

Im früheren holländischen Verwaltungsviertel (1641–1795) leuchten die Gebäude rot. Am Rand des Platzes steht die 1753 gebaute *Christ Church*. Hinter dem Stadhuys erhebt sich der *St. Pauls-Hügel*. Pfade mit Aussicht aufs Meer führen zur Statue des hl. Franz Xavier und den Ruinen der 1521 von den Portugiesen erbauten *St. Paul's Church*. Auf der Rückseite geht es zur *Porta de Santiago* – Überbleibseln des portugiesischen Forts *A'Famosa* von 1511.

INSIDER TIPP MENARA TAMING SARI

Von der sich drehenden Kabine des 110 m hohen Panoramaturms nahe der Flussmündung bietet sich bei klarem Wetter ein hervorragender Ausblick über die Stadt und das Meer. *Tgl. 10–23 Uhr | Eintritt RM 20 | www.menaratamingsari.com*

SAMUDERA MARITIME MUSEUM

Am Melaka-Fluss, südlich des *Dutch Square*, kann man an Bord eines nachgebauten portugiesischen Segelschiffs in die Geschichte des Überseehandels abtauchen. Die Eintrittskarte ist auch für das Marinemuseum auf der gegenüberliegenden Straßenseite gültig. *Mo–Do 9–17.30, Fr–So 9–21 Uhr | Jalan Laksamana | Eintritt RM 3*

STADTHUYS

Das Historische und Ethnologische Museum im Stadthuys zeigt Gegenstände der Stadtgeschichte Melakas. Das markante Gebäude (1641–56) gilt als das älteste erhalten gebliebene holländische Bauwerk im Fernen Osten. *Sa–Do 9–17.30, Fr 9–12.15 u. 14.45–17.30 Uhr | Roter Platz | Eintritt RM 10*

SULTANSPALAST MIT MUZIUM BUDAYA

Nur ein paar Schritte von der Porta de Santiago entfernt, wurde der 1460 abgebrannte Sultanspalast rekonstruiert.

Melaka, die älteste Stadt Malaysias, atmet viel fernöstliches Flair

Wie die Briten während der Kolonialzeit lebten: Villa Sentosa

Gegenstände und Dioramen zu Kultur und Geschichte sind zu sehen. *Mi–Mo 9–17.30 Uhr | Jalan Kota | Eintritt RM 2*

VILLA SENTOSA

Das wegen seiner Architektur und der antiken Einrichtung interessante Haus ist seit Generationen in Familienbesitz. Es vermittelt einen realistischen Eindruck vom Leben während der britischen Kolonialzeit und in den frühen Jahren der Unabhängigkeit. *Sa–Do 9–13 u. 14–17, Fr 14.45–17.30 Uhr | Kampung Morten | Spende wird erwartet | Tel. 06 2 82 39 88*

ESSEN & TRINKEN

Einige Spezialitäten sollten Sie auf jeden Fall probieren, wenn Sie in einem der vielen Restaurants essen: die *Nyonya*-Küche, insbesondere den würzig-cremigen Nudeleintopf *laksa* sowie *cendol*, ein Dessert aus Kokosmilch und grünen Nudeln, und natürlich *gula malacca*, Sagopudding mit Palmzucker.

INSIDER TIPP AMY HERITAGE NYONYA CUISINE

Im freundlichen, klimatisierten Restaurant stehen exzellente Nyonya-Gerichte auf der Karte. *Sa–Do 9–17.30, Fr 9–12.15 u. 14.45–17.30 Uhr | 75, Jalan Taman Melaka Raya 24 | Tel. 06 2 86 88 19 |* €€

INSIDER TIPP HOE KEE CHICKEN RICE

In dem einfachen Coffeeshop sollen 1962 die beliebten in Butter und Ingwer gegarten Reisbällchen mit Hühnchen, *chicken rice balls,* erfunden worden sein. *Tgl. 9.30–16 Uhr | 4, Jalan Hang Jebat |* €

NEWTON FOOD CENTRE

An den Essensständen nahe der Mahkota Parade wird chinesisch und – im hinteren Bereich – malaiisch-halal (muslimisch) gekocht. *Jalan Merdeka |* €

VEGGIE PLANET

In diesem großen, klimatisierten Restaurant wird auf Geschmacksverstärker und Farbstoffe verzichtet. Die vegetarischen Gerichte sind lecker und erschwinglich. *41, Jalan Taman Melaka Raya 8 | Tel. 06 2 92 28 19 | www.veggieplanet.my |* €€

EINKAUFEN

The Malaqa House (70, Jalan Tun Tan Cheng Lock | Tel. 06 2 81 47 70) verkauft etwas teure Antiquitäten und Replikate, bietet aber auch viel Atmosphäre. In einem der zahlreichen Antiquitäten- und Trödelläden der *Jalan Hang Jebat* entdecken Sie sicher etwas Interessantes. Im *Orang Utan House (Filialen in der 59, Lorong Hang Jebat; 10, Jalan Hang Je-*

bat; 22, Jalan Tukang Emas) offeriert der Künstler Charles Cham seine Bilder und T-Shirts mit ungewöhnlichen Motiven.

Das größte innerstädtische, überwiegend unterirdisch angelegte Einkaufszentrum *Dataran Pahlawan (F3-96, Hatten Square | Jalan Merdeka | www.dataranpahlawan.com)* beheimatet u. a. einen Carrefour-Hypermarkt, ein Cineplex und eine Bühne. Am Wochenende lassen sich abends auf dem *Nachtmarkt in der Jalan Hang Jebat (Fr–So 18–24 Uhr)* und in den Seitenstraßen Souvenirs entdecken.

FREIZEIT & SPORT

Der ausgedehnte Freizeitpark *A'Famosa (Mo–Fr 11–19, Sa/So 9–19 Uhr | Eintritt ab RM 43 | www.afamosa.com)* nördlich der Autobahn umfasst u. a. einen 36-Loch-Golfplatz und das riesige Schwimmbad Waterworld.

AM ABEND

Bars konzentrieren sich in der *Jalan Hang Kasturi* und *Lorong Hang Jebat*. Im *The Geographer's Café (Mo–Mi 10–23, Do–So 10–1 Uhr | 83, Jalan Hang Jebat | Tel. 06 2 81 68 13 | www.geographer.com.my)* wird am Wochenende abends Jazz geboten. Ebenfalls nett ist das urige *Me & Mrs. Jones (Di–So 18.30–1 Uhr | 3, Jalan Hang Kasturi | www.fb.com/meandmrsjonescafe)* mit Livemusik ab 20.30 Uhr.

ÜBERNACHTEN

COURTYARD @ HEEREN

Das Boutiquehotel ist in einem alten, geschmackvoll restaurierten chinesischen Haus untergebracht und bietet 15 individuell mit historischem Touch gestaltete Zimmer. *91, Jalan Tun Tan Cheng Lock | Tel. 06 2 81 00 88 | www.courtyardatheeren.com* | €€

FENIX INN

Modernes Kleinhotel mit gutem Preis-Leistungs-Verhältnis. Am besten wählen Sie eines der Zimmer im neueren Gebäude um die Ecke. *81 Zi. | 156, Jalan Merdeka | Taman Melaka Raya | Tel. 06 2 81 55 11 | www.fenixinn.com* | €–€€

INSIDER TIPP HOTEL PURI

Die wundervoll restaurierte, ehemalige Familienresidenz bietet eine große Auswahl, von winzigen Zimmern bis zu hübschen Suiten, Restaurant und Café. *86 Zi. | 118, Jalan Tun Tan Cheng Lock | Tel. 06 2 82 55 88 | www.hotelpuri.com* | €€

RAMADA PLAZA MELAKA

Von diesem Fünf-Sterne-Hotel aus haben Sie kurze Wege zu allen Sehenswürdigkeiten. *277 Zi. | Jalan Bendahara | Tel. 06 2 84 88 88 | www.ramada.com* | €€€

AUSKUNFT

TOURIST OFFICE

Jalan Kota | gegenüber der Christ Church | Tel. 06 2 83 62 20

ZIELE IN DER UMGEBUNG

AYER KEROH RECREATIONAL ZONE

(130 C5) (*M C5*)

Das Naherholungsgebiet liegt 15 km nördlich der Stadt. Der *Taman Mini-Malaysia & Mini-Asean (Di–Do 9–17.30, Fr–So 9–18 Uhr | Eintritt RM 24)* zeigt in Originalgröße je ein traditionelles Haus aus den 13 Bundesstaaten sowie zwölf landestypische Häuser der südostasiatischen Staaten. Zudem sind altes Kunsthandwerk und Folklore zu sehen. Außerdem lohnt ein Besuch des *Melaka Zoo (tgl. 9–18 Uhr | Eintritt RM 23,70 | www.melakazoo.com)*, u. a. mit Affen, Tapiren, Nashornvögeln und Bären. Es gibt zudem eine *Schmetterlings- und*

Reptilienfarm (tgl. 8.30–17.30 Uhr | Eintritt RM 18 | www.butterflyreptile.com) und einen großen *Vogelpark (tgl. 9–18 Uhr | Eintritt RM 23,70 | www.melakabird park.com)*. Durch den *Recreational Forest* führen Lehrpfade, Spazier- und Radwege. Das Erholungsgebiet ist mit öffentlichen Bussen erreichbar.

TENGKERA-MOSCHEE (130 C5) (*🗺 C5*)
Im Westen von Melaka, an der Straße nach Port Dickson, liegt das schöne, über 150 Jahre alte Gotteshaus, das architektonisch stark an Moscheen auf der indonesischen Nachbarinsel Sumatra erinnert.

PULAU LANGKAWI

(130 A1) (*🗺 A3*) **Langkawi, die größte der 99 zum Bundesstaat Kedah gehörenden Inseln in der Straße von Malakka, liegt etwa 30 km westlich der malaysischen Küste und dicht vor der thailändischen Grenze.**

Die 65 000 Einwohner der Insel leben überwiegend vom Tourismus, nur wenige sind noch Reisbauern oder Fischer. Zwischen Penang im Süden und der thailändischen Insel Phuket gelegen, war Langkawi über die Jahrhunderte verschiedenen kulturellen Einflüssen ausgesetzt. Teile der Hauptinsel sind noch von Regenwald bedeckt; an den Unterläufen der Flüsse und entlang der Küste erstrecken sich unberührte Mangrovenwälder. In Zusammenarbeit mit der Unesco wurden weite Teile der Insel als Geopark ausgewiesen *(www.langkawigeopark.com.my/en)*. Damit soll die geologische Vielfalt der einmaligen Landschaft mit bis zu 550 Mio. Jahre alten Kalksteinformationen gewürdigt werden.
In den Mangroven können Sie Seeadler beobachten und mit Glück auch einen der prächtigen Nashornvögel. Die kleine Insel, die in einem halben Tag umfahren ist, bietet eine ganze Reihe von spannenden Aktivitäten: Dschungel- und Höhlenerkundungen, Mangroventouren, Segeln, Batikmalerei, Golf, Reiten, Gokartfahren oder den Besuch eines Spa, verbunden mit einer entspannenden Massage.

Tropisches Paradies unter Palmen: der Pantai-Kok-Strand auf Langkawi

Hochsaison ist von Oktober bis April. Direkte Flugverbindungen gibt es ab Kuala Lumpur und Penang, tägliche Fährverbindungen bestehen zwischen Georgetown, Kuala Perlis/Kuala Kedah und dem Hauptort Kuah sowie nach Thailand (Satun), und in der Saison ab Telaga Harbour nach Ko Lipe). *www.langkawi-info.com*

SEHENSWERTES

GUNUNG RAYA

Hinauf zum Gipfel des höchsten, dschungelbedeckten Bergs (890 m) der Insel führt eine schmale, steile Straße. *Taxi ab Pantai Tengah RM 60*

KUAH

Langkawis Hauptort hat nicht viel zu bieten: Geschäfte mit zollfreien Waren, das Seeadler-Denkmal nahe dem Anleger und der *Taman Lagenda Park* mit folkloristischen Skulpturen. Sehenswert ist unweit des Ortszentrums die *Al-Hana-Moschee.*

INSIDER TIPP LANGKAWI CABLE CAR

Nördlich vom Pantai Kok wurde der Einkaufskomplex *Oriental Village* in einem Park rings um einen See angelegt. Inmitten der Geschäfte informiert das kleine *Geopark Info Centre* über die Geologie des Archipels. Das Highlight ist die Fahrt mit der 2158 m langen Seilbahn über die dschungelbedeckten Berge mit einer Zwischenstation auf dem zweithöchsten Berg der Insel, dem *Mat Cincang* (709 m). *Fr–So 9.30–19, Mo, Di, Do 10–19, Mi 12–19 Uhr | RM 45 hin und zurück, die Skybridge kostet RM 5 zusätzlich | www.panoramalangkawi.com*

PERDANA GALLERY

Die Galerie beherbergt mehr als 2500 Geschenke und Auszeichnungen, die der 2003 zurückgetretene Premierminister Mahathir Mohamed in seiner 22-jährigen Amtszeit erhalten hat. Besonders spektakulär sind die mit filigranen, bunten Schnitzereien verzierten Decken. *Tgl. 8.30–17.30 Uhr | Kilim | Eintritt RM 10*

INSIDER TIPP TELAGA TUJUH

Ein sehenswerter Wasserfall, der auch zum Baden einlädt. Das Wasser fließt über mehrere Stufen 91 m tief hinab. Es ist lebensgefährlich, auf den glatten Felsen nahe dem Abgrund herumzulaufen. Von einem Parkplatz am Ende der Straße führt ein kurzer Wanderweg steil hinauf.

UNDERWATER WORLD

Ein mit 550 000 l Meerwasser gefülltes Aquarium umschließt einen 15 m langen Tunnel, durch den die Besucher im Trockenen spazieren und die faszinierende Welt des Meers erleben. Dabei begegnen sie großen Meeresbewohnern wie Hai und Rochen. Außerdem gibt es ein Korallen- und ein Reptilienbecken sowie Abteilungen, die dem südafrikanischen Regenwald und der antarktischen Fauna gewidmet sind. *Tgl. 10–18 Uhr, Fütterungen der Fische im Tunnelbecken tgl. um 15.30 Uhr, der Pinguine um 11.15 sowie 14.45 Uhr und der Seelöwen um 14.30 Uhr | Eintritt RM 43 | www.underwater.com*

ESSEN & TRINKEN

INSIDER TIPP HAROO

Kulinarische Abwechslung verspricht das von einer koreanischen Familie geführte Restaurant mit leckerem, authentischem Bibimbap. *Tgl. 12–22.30 Uhr | Pantai Cenang | Tel. 0124900067 |* €€

LA SAL AT CASA DEL MAR

Edles Restaurant des gleichnamigen Resorts direkt am Strand, in dem exzellente internationale Küche serviert wird. *Mukim Kedawang Pantai Cenang | Tel. 04 9 55 23 88 | €€€*

INSIDER TIPP NAM RESTAURANT IM BON TON RESORT

Das offene, geschmackvoll südostasiatisch gestaltete Restaurant des Resorts bietet beste Nyonya- und westliche Küche sowie eine gute Weinkarte und sehr zuvorkommenden Service. *Tgl. 11–23 Uhr | nördlich vom Pantai Cenang | Reservierungen und Transport Tel. 04 9 55 36 43 | www.bontonresort.com | €€€*

Farbenfrohe Frische im stylishen Bon Ton Resort

ORKID RIA SEAFOOD

Das beliebte Restaurant ist der beste Ort, um nach einheimischer Art zubereitete Meeresfrüchte zu probieren. Sie suchen sich lebendige Fische, Garnelen, Hummer oder Krebse aus den Auslagen am Eingang aus und wählen eine Zubereitungsmethode. *Tgl. 11–15 u. 18–23 Uhr | Lot 1225, Pantai Cenang | Tel. 04 9 55 41 28 | €€*

INSIDER TIPP RED TOMATO RESTAURANT & LOUNGE

Die deutsche Gastgeberin Tanja hat sich hier ein einladendes, mit viel Grünpflanzen eingerichtetes Refugium geschaffen. Zu entspannten Klängen gibt es leckeres Frühstück mit Müsli, selbst gebackenen Brötchen und einer großen Auswahl an westlichen Speisen, die eines gemein haben: Alle werden sie mit Tomaten zubereitet. *Tgl. 11–23 Uhr | Pantai Cenang | Tel. 04 9 55 40 55 | €€*

EINKAUFEN

ATMA ALAM ART VILLAGE

In dieser Kunsthandwerk-Galerie am Dorfrand können Sie bei der Herstellung von Batikstoffen zuschauen und eigene Entwürfe vorschlagen. Batikkurse nach telefonischer Anmeldung. *Tgl. 10–18 Uhr | Padang Matsirat | Tel. 04 9 55 12 27 | www.atmaalam.com*

DUTY-FREE-LÄDEN

Auf Langkawi ermöglichen diverse Duty-Free-Läden zollfreie Einkäufe. Besonders alkoholische Getränke und Zigaretten sind sehr günstig. Die größte Auswahl halten die großen Geschäfte südlich des Underwater World am Pantai Cenang parat.

KOMPLEKS KRAF LANGKAWI

Im staatlichen Zentrum für Kunsthandwerk an der Nordküste können Batikmaler und Kristallbläser bei der Arbeit beobachtet werden. In den großen Verkaufsräumen finden Sie die gesamte Bandbreite malaiischen Kunsthandwerks. Im hinteren Bereich informieren zwei kleine Museen über Hochzeitsbräuche und die traditionellen Alltagsgegenstände der einheimischen Bevölkerungsgruppen. *Tgl. 10–18 Uhr | 2,5 km westlich von Padang Lalang | Tel. 04 9 59 19 13 | www.kraftangan.gov.my*

FREIZEIT & SPORT

Insel-, Dschungel-, Trekking- und Mangroventouren organisiert *Jungle Walla Tours (Tel. 019 2 25 23 00 | www.junglewalla.com)*. Besonders empfehlenswert sind die INSIDER TIPP deutschsprachigen Mangroventouren mit Peter Höfinger *(Tel. 01 24 56 47 50 | pemaria98@gmail.com)*, der seit fast 30 Jahren auf der Insel lebt. Ornithologen sind bei *Dev's Adventure Tours (Tel. 01 94 94 91 93 | www.langkawi-nature.com)* gut aufgehoben. Während der Mangroventouren sollte man auf das nicht artgerechte Füttern von Seeadlern verzichten. Mit *Tropical Charters (Cruises ab RM 235 pro Person | Tel. 04 9 55 34 07 | www.tropicalcharters.com.my)* kreuzen Sie mit Segelschiffen oder einem Katamaran durch die romantisch-schöne Inselwelt Langkawis.

AM ABEND

Außerhalb der großen Resorts spielt sich das Nachtleben in den Bars am *Pantai Cenang* oder *Tengah* ab. Einladend modern ist die direkt am Strand südlich des Casa del Mar gelegene *Thirstday Bar (tgl. 14–1 Uhr | Lot 1225, Pantai Cenang | Tel. 04 9 55 41 28)*, die auch leckeres Essen serviert. Der beliebteste Ort für einen Absacker und gute Livemusik ist das *Yellow Café (Mi–Mo 15–1 Uhr | Pantai Cenang | Tel. 01 24 59 31 90 | www.fb.com/yellowbeach.cafe)*. Zu späterer Stunde lohnt ein Abstecher in die *Sunba (tgl. 19–2 Uhr | Pantai Tengah | Tel. 04 9 53 18 01 | www.sungroup-langkawi.com/sunba)*.

ÜBERNACHTEN

THE ANDAMAN

Umweltbewusst geführtes, mitten in der Natur gelegenes, familienfreundliches Fünf-Sterne-Resort mit großem Freizeitangebot. *178 Zi. | Datai Beach | Tel. 04 9 59 10 88 | www.theandaman.com | €€€*

MERITUS PELANGI BEACH RESORT

Luxusresort im malaiischen Stil mit 355 rings um den Pool angeordneten, komfortablen Zimmern, Restaurant, Wassersportangeboten und Boutiquen. *Jalan Pantai Cenang | Tel. 04 9 52 88 88 | www.meritus-hotels.com | €€€*

SUNSET BEACH RESORT

Geschmackvoll mit balinesischem Touch eingerichtete Chalets inmitten eines tropischen Gartens in Strandlage. *28 Zi. | Pantai Cenang | Tel. 04 9 55 17 51 | sunset-beach-resort-langkawi.hotel-mix.de | €€*

AUSKUNFT

TOURIST INFORMATION CENTER LANGKAWI

Jalan Persiaran Putra | Kuah | Tel. 04 9 66 04 94 | naturallylangkawi.my

ZIELE IN DER UMGEBUNG

Zu den benachbarten Inseln *(pulau)* werden an den Hotelstränden und in Reisebüros vierstündige Bootstouren *(pro Person ab RM 45, Bootscharter RM 250)* angeboten. Die Schnellboote fahren zur *Pulau Singa Besar, Pulau Beras Basah* und *Pulau Dayang Bunting*, deren Attraktion ein Süßwassersee ist. Zum Tauchen und Schnorcheln gibt es Tagestouren zur weiter entfernten *Pulau Payar*.

OSTEN DER HALBINSEL

Obwohl der Islam die Staatsreligion Malaysias ist, dominiert er nur an der Ostküste mit ihrem hohen malaiischen Bevölkerungsanteil.

Die Menschen im Bundesstaat Kelantan im äußersten Nordosten der Halbinsel, jenseits der Titiwangsa Range, haben schon immer ein abgeschiedenes Leben geführt. Das ausgedehnte, kaum erschlossene Hinterland ist nur dünn besiedelt – ganz im Gegensatz zum knappen Küstenabschnitt um die Hauptstadt Kota Bharu. Touristen kommen vor allem hierher, um die malaiische Kultur zu erleben, bevor sie auf die Badeinseln in Terengganu weiterreisen.

Der Bundesstaat Terengganu liegt südlich von Kelantan und ist durch Erdöl reich geworden. Von Johor Bharu im Süden aus führt eine Brücke nach Singapur. Während der Regenzeit *(Nov.–Feb.)* sollte man die Ostküste meiden. Der Freitag ist der moslemische Sonntag, dann sind Ämter und viele Geschäfte geschlossen.

KOTA BHARU

(130 C1–2) *(🕮 C3)* **Hinter den modernen Fassaden der Sultansstadt wird die malaiische Kultur gepflegt.**

Im Zentrum der Hauptstadt (rund 500 000 Ew.) am Unterlauf des Sungai Kelantan konzentrieren sich malaiische und chinesische Geschäfte, Restaurants und Hotels rings um die sehenswerte Markthalle *Pasar Besar.* Die repräsentativen alten Palastgebäude und die große

 Bild: Insel Tioman

Im Land der Malaien wird Gastfreundschaft großgeschrieben – und das Leben folgt einem gemächlicheren Rhythmus als anderswo

Staatsmoschee erheben sich im Westen um den *Padang Merdeka (Unabhängigkeitsplatz)*. Dort mussten viele der alten chinesischen Geschäftshäuser neuen Hotels und einem Parkhaus weichen. Kota Bharu ist mit dem Flugzeug und der Bahn von Kuala Lumpur aus zu erreichen.

SEHENSWERTES

GELANGGANG SENI ★ ●

In dem Open-Air-Kulturzentrum treten Gruppen aus den Dörfern auf und präsentieren die traditionelle malaiische Kultur. Das Programm umfasst Drachenherstellung, Selbstverteidigung, einen Wettbewerb mit Riesenkreiseln sowie andere traditionelle Spiele, Tänze und Musik. *Feb.–Nov. Mo, Mi u. Sa 15.30–17.30, Mi u. Sa auch 21–23 Uhr (außer im Ramadan) | Jalan Mahmood | Eintritt frei*

PALÄSTE UND MUSEEN

Der ehemalige Hauptpalast des Sultans, die *Istana Balai Besar*, wird heute nur noch selten genutzt. Die benachbarte

Achtung, Kamera: Kein Markt bietet mehr Motive als der quirlige Central Market in Kota Bharu

Istana Jahar von 1887 ist schon wegen der Holzarbeiten eine Sehenswürdigkeit und wurde zum *Museum für Königliche Tradition und Kultur* umfunktioniert. In der dahinter gelegenen *Istana Batu* sind im *Muzium DiRaja Kelantan* Möbel, Kleidung und andere Dinge aus dem Besitz der Sultansfamilie ausgestellt, die das Palastgebäude bis 1961 bewohnte.

Mit prunkvollen Kuppeln aus Messing verziert, steht die große *Moschee* schon seit 1922 im Stadtzentrum. Die hier ansässige Koranschule hat bei der Islamisierung des Landes eine bedeutende Rolle gespielt. Leider können nur Moslems das Innere besichtigen.

Das *World War II Museum* im 1912 errichteten Gebäude direkt nebenan informiert vor allem über die japanische Invasion von Malaya, die an diesem Küstenabschnitt ihren Anfang nahm. Im benachbarten *Muzium Islam* wird der Geschichte des Islam in Malaysia nachgegangen. Exponate zu Kultur, Geschichte und Brauchtum der Region sowie zeitgenössische Ausstellungen wiederum zeigt das *Kelantan State Museum (in der Jalan Hospital)*.

Bis auf das Kelantan State Museum liegen alle Museen in der Umgebung des Padang Merdeka. *Öffnungszeiten jeweils Sa–Mi 8.30–16.45, Do 8.30–15.30 Uhr | Eintritt RM 4*

ESSEN & TRINKEN

INSIDER TIPP MEDAN SELERA KEBUN SULTAN FOOD COURT

In einer hohen, offenen Halle wird an einfachen Essensständen meist chinesisch gekocht. Alles ist zwar nur auf Chinesisch angeschrieben, aber sehr lecker. Es gibt auch Bier. *Tgl. 5–23 Uhr | Jalan Kebun Sultan | €*

MEENA CURRY HOUSE

Hier wird die preisgünstige indische Küche authentisch auf Bananenblättern serviert. *Tgl. 10–20 Uhr | Jalan Gajah Mati | €*

PIZZERIA TRAUDI

Bei den Schweizern Urs und Ursula schlemmen Sie hervorragende Pizza aus dem Holzkohleofen und hausgemachte Spätzle. *Di–So 13.30–23.30 Uhr | Jalan Dusun Raja | Tel. 09 7477488 | €€*

EINKAUFEN

Der wohl meistfotografierte Markt in Malaysia ist der *Pasar Siti Khadijah (Central Market | tgl. 8–18 Uhr | Jalan Hulu Kota)* – ein Rausch der Farben und ein absolutes Muss! Er erstreckt sich über vier Stockwerke und bietet sowohl Gemüse- und Obst- als auch Essensstände *(foodstalls)*. Das neueste Einkaufszentrum ist die am neuen Busbahnhof gelegene *Aeon Mall (tgl. 10–22 Uhr | www.aeonretail.com.my/aeonkb)* mit riesigem Supermarkt. Ähnlich groß ist die Auswahl an Lebensmitteln im benachbarten *Tesco Hypermarket (tgl. 8.30–23 Uhr)*. Das riesige und beliebte Einkaufszentrum *K. B. Mall (Mo–Do 11.30–22, Fr–So 10.30–22 Uhr)* im Süden der Stadt beherbergt Restaurants, ein Multiplexkino und eine Buchhandlung mit englischen Büchern. Nördlich der Stadt, an der 12 km langen Straße zum wenig attraktiven Stadtstrand *Pantai Cahaya Bulan*, verkaufen noch einige Geschäfte traditionelle Drachen, Batiken und Songketstoffe, die teils in den angrenzenden Werkstätten hergestellt werden, z. B. bei *Wisma Songket Cik Bidah* und *Cik Minah Songket*.

AM ABEND

In diesem konservativen Bundesstaat wird nur in wenigen chinesischen Restaurants Bier ausgeschenkt. Statt in Diskos und Pubs sitzen die jungen Leute abends bei Saft und Softdrinks am Flussufer westlich des Padang Merdeka und genießen die kühle Brise.

ÜBERNACHTEN

CROWN GARDEN HOTEL

Gutes Mittelklassehotel in einem wenig attraktiven Neubaublock mit chinesischem Restaurant, Parkhaus und freundlichem Personal. *88 Zi. | 302/303, Jalan Kebun Sultan | Tel. 09 7432228 | www.crowngardenhotel.com | €€*

GRAND RIVERVIEW HOTEL

Vier-Sterne-Hotel am Fluss. Große Zimmer, Sonnenterrasse, aber wenig attraktiver Pool. Gutes chinesisches Restaurant. *299 Zi. | Jalan Post Office Lama | Tel. 09 7439988 | www.grv.com.my | €€–€€€*

INSIDER TIPP PASIR BELANDA RESORT

Die holländische Familie ermöglicht es den Gästen ihrer kleinen, 4,5 km entfernt

MARCO POLO HIGHLIGHTS

★ **Gelanggang Seni**
Tauchen Sie in diesem Kulturzentrum in die traditionelle malaiische Kultur ein → S. 59

★ **Crystal Mosque**
Ein Gebetshaus aus Glas: die faszinierende Kristallmoschee bildet den Mittelpunkt des islamischen Themenparks in Terengganu → S. 63

★ **Pulau Tioman**
Inselidylle zum Baden und Tauchen – da, wo das Meer noch glasklar ist → S. 69

★ **Taman Negara National Park**
Regenwalderfahrung mit Komfort oder anspruchsvolle Trekkingtouren – Sie haben die Wahl → S. 70

von Kota Bharu gelegenen Bungalowanlage, das Alltagsleben ihrer malaiischen Nachbarn im Dorf kennenzulernen. Umgeben von Kokospalmen und traditionellen malaiischen Pfahlbauten, stehen in der weitläufigen Anlage acht hübsch eingerichtete Häuser. Auf dem gepflegten Gelände befinden sich zudem ein Spielplatz und ein kleiner Pool. Mittag- und Abendessen gibt es bei der Nachbarin, einer exzellenten Köchin, die auch Kochkurse veranstaltet. Zudem werden Batikkurse und andere Aktivitäten angeboten. Mindestaufenthalt zwei Nächte. *Kampung Lipat Sanggul | Tel. 09 7 47 70 46, 017 9 34 08 17 | www.kampungstay.com | €€–€€€*

AUSKUNFT

TOURIST INFORMATION CENTRE

Jalan Sultan Ibrahim | Tel. 09 7 48 55 34

ZIELE IN DER UMGEBUNG

MASJID KAMPUNG LAUT

(130 C2) (*🗺 C3*)

Eine der ältesten Moscheen im Land liegt in Nilam Puri (10 km südlich von Kota Bharu). Nicht-Muslime dürfen sie nicht betreten, ein Besuch lohnt sich aber dennoch: Die etwa 300 Jahre alte Moschee ist ganz aus Holz und ohne einen einzigen Nagel gebaut.

PULAU PERHENTIAN ●

(130 C2) (*🗺 C3*)

Zwei Südsee-Trauminseln mit schönen Sandstränden, türkisblauem Wasser und von Dschungel bewachsenen Hügeln, ideal zum Sonnenbaden, Schnorcheln, Tauchen und Ausspannen. Auf der kleinen Insel *(Perhentian Kecil)* liegt ein Fischerdorf. Günstige Unterkünfte, in denen viele Backpacker übernachten, konzentrieren sich auf der kleinen Insel am Long Beach, etwa das *Matahari Chalet (40 Zi. | Tel. 012 9 37 38 58 | www.matagharichalet.com | €–€€)* oder das einfache, am Hang gelegene *Mohsin Chalet (23 Zi., 1 Schlafsaal | Tel. 012 9 32 19 29 | www.fb.com/mohsinchalet | €)*.

Die große Insel *(Perhentian Besar)* ist perfekt für Reisende mit Kindern geeignet, denn hier ist es ruhiger und es gibt Resorts in allen Preiskategorien. Das beste Hotel der Inseln ist das *Perhentian Island Resort (106 Chalets | Tel. 09 6 91 11 11 | www.perhentianislandresort.net | €€€)* mit klimatisierten, komfortablen Chalets an einem schönen eigenen Strand. Das *Coral View Island Resort (92 Zi. | Tel. 09 6 91 17 00 | www.fb.com/coralviewresort | €€–€€€)* bietet Zimmer in vielen Kategorien und liegt am *Telok Pauh*, einem kleinen, feinen Sandstrand. Auf der anderen Seite der Insel ist die *Bayu Dive Lodge (22 Zi. | Tel. 09 6 91 16 50, 013 9 99 96 30 | www.alualudivers.com | €–€€)* eine günstige Alternative.

Von Kota Bharu aus bringt Sie ein Taxi *(ca. 1 Std. | RM 80)* zum Fähranleger in Kuala Besut. Dort legen Boote *(ca. 8–16 Uhr | 30–45 Min. | eine Fahrt RM 35)* zur Insel ab.

INSIDER TIPP WATS (130 C1) (*🗺 C3*)

In der Gegend um Tumpat, nah an der thailändischen Grenze, leben mitten im malaiischen Kernland seit Generationen Thais. Hier gibt es einige buddhistische Tempel. Den mit über 30 m größten stehenden Buddha Südostasiens im chinesischen Stil beherbergt das *Wat Phothikyan* in Kampung Balai. Im *Wat Phothivihan* in Kampung Berangan begegnen Sie einem 40 m langen liegenden Buddha. Die Anfahrt mit dem Bus ist sehr schwierig, daher empfiehlt es sich, stattdessen ein Taxi *(RM 30–35 pro Std. bei mind. 3 Std. Mietdauer)* zu nehmen.

KUALA TERENGGANU

(131 D2) (🕮 C3) **Die rund 400 000 Einwohner zählende Hauptstadt des Bundesstaats Terengganu ist durch Erdöl- und Ergasvorkommen im Südchinesischen Meer reich geworden.**

Ein Spaziergang durch die kleine, sympathische Chinatown entlang der Jalan Kampung Cina versetzt Besucher in eine frühere Zeit: Die oft liebevoll restaurierten chinesischen *shophouses* sind architektonische Zeugen des 19. Jhs. und beherbergen interessante Geschäfte und Cafés. Erkunden Sie die schmalen, von der Jalan Kampung Cina abgehenden Gassen. Manche wurden kreativ gestaltet und berühmten lokalen Persönlichkeiten oder Tieren gewidmet. Die ehemals florierende Schiffsbauindustrie hat an Bedeutung verloren. Aber noch immer können Sie Handwerkern auf der Flussinsel Pulau Duyong beim Bau der kleineren, traditionellen Fischerboote zusehen.

Die Buddhas im Wat Phothivihan sind von beeindruckender Größe

SEHENSWERTES

CRYSTAL MOSQUE ★

Im 33 ha großen *Islamic Civilisation Park* auf der Wan-Man-Insel im Fluss steht neben 22 Miniaturrepliken der berühmtesten islamischen Monumente der Welt die *Kristallmoschee*, deren Dach und Teile der Wände aus Glas bestehen. *Park: Mo–Do 10–19, Fr 9–12.45 u. 14.30–19, Sa/So 9–19 Uhr | Eintritt RM 22 | www.tti.com.my*

TERENGGANU-NATIONALMUSEUM ●

Das Nationalmuseum ist einer der größten Komplexe in Südostasien und das größte Museum in Malaysia. Es beherbergt verschiedene Galerien, u. a. die islamische, die Textil-, die königliche Galerie, die Galerie des Kunsthandwerks und des Öls sowie die der Seefahrt. *Sa–Do 9–17, Fr 9–12 u. 15–17 Uhr | Jalan Losong Ferri | Eintritt RM 15 | per Bus ab Taman Shanbandar (RM 1) oder per Taxi aus der Stadt (RM 20) erreichbar*

ESSEN & TRINKEN

INSIDER TIPP GOLDEN DRAGON

Etabliertes, familiäres Restaurant mit authentisch einfachem Interieur und guter chinesischer Hainan-Küche, kühlem Bier und freundlichem Service. *Tgl. 11–14.30 u. 18–21.30 Uhr | 198, Jalan Kampung Cina | Tel. 09 6 22 30 34* | €–€€

RESTAURANT OCEAN
Einfaches chinesisches Lokal, das sich auf Meeresfrüchte spezialisiert hat. Man schenkt hier auch Bier aus. *Tgl. 11.30–14.30 u. 17.30–22 Uhr | Seitengasse der Jalan Sultan Zainal Abidin | Tel. 09 6 31 51 54 | €€*

EINKAUFEN

Am *Pasar Payang (Central Market)* können Sie alles erstehen, was die Ostküste zu bieten hat: Batik oder die berühmten Messingwaren (im ersten Stock). Im *Noor Arfa Craft Complex (tgl. 9–18 Uhr | Cendering | www.noor-arfa.com.my | Touristenbus C01 ab Kuala Terengganu nahe Istana Maziah, RM 1)* werden bunte Batik- und Songketstoffe sowie Drucke angeboten und die Herstellung von Batiken und anderem Kunsthandwerk vorgeführt.

FREIZEIT & SPORT

Dschungeltrekking oder Tauchgänge vor den vorgelagerten Inseln bietet *Ping Anchorage (77A, Jalan Sultan Sulaiman | Tel. 09 6 26 20 20 | www.pinganchorage.com.my)* an.

AM ABEND

Außer Karaokelounges in einigen Hotels (z. B. im *Primula Beach Resort*) gibt es keine Ausgehangebote. Jeden Freitagabend lockt der *Nachtmarkt KT Walk* auf der Jalan Sultan Ismail mit vielen Verkaufsständen.

ÜBERNACHTEN

KT CHINATOWN LODGE
Sauberes, schlichtes Kleinhotel mitten in der Chinatown mit klimatisierten Zim-

BÜCHER & FILME

Kampung Boy – Comic des berühmten Zeichners Lat, vor allem für Erwachsene. Zeigt mit viel Witz typische Situationen und Menschen in Malaysia (1979)

Feuer über dem Fluss – Abdul Samad Said schreibt über die Zeit der japanischen Besatzung Malaysias (1994)

Die tödliche Familie Lee – Inspektor Singh ermittelt in Malaysia; intelligenter und lustiger Krimi von Shamini Flint, der einige gesellschaftliche Widersprüche aufzeigt (2009)

Der Garten der Abendnebel – Auf mehreren Zeitebenen spielender Roman von Tan Twan Eng über eine Chinesin, die im Zweiten Weltkrieg von den Japanern interniert war (2016)

Mukhsin – Der 2006 gedrehte Film der Regisseurin Yasmin Ahmad erzählt in faszinierenden Bildern von der ersten Liebe und wurde bei der Berlinale 2007 gleich zweimal ausgezeichnet

Selima und John – Filmromanze über einen Engländer, der sich in den 1930er-Jahren auf Borneo in eine hübsche Iban (Jessica Alba) verliebt (2003)

The Last Communist – Der Film von 2006 dokumentiert das Leben Chin Pengs, des Führers der Kommunistischen Partei. In Malaysia auf dem Index

Wunderbare Inselidylle: Auf Kapas herrscht eine völlig entspannte Atmosphäre

mern. *70 Zi. | 113, Jalan Kampung Cina | Tel. 013 9 31 61 92 | www.fb.com/ktchina townlodge | €*

PRIMULA BEACH HOTEL

Das größte Hotel der Stadt liegt außerhalb des Zentrums in einem Hochhaus direkt am Strand. Schöner Swimmingpool im tropischen Garten. *265 Zi. | Jalan Persinggahan | Tel. 09 6 22 21 00 | www.primulahotels.com | €€€*

AUSKUNFT

TOURIST INFORMATION CENTRE

Jalan Sultan Zainal Abidin | zwischen Markt und Palast | Tel. 09 6 22 15 53 | tourism.terengganu.gov.my

ZIELE IN DER UMGEBUNG

MARANG UND PULAU KAPAS

(131 D2) *(🗺 C3)*

Das 14 km südlich gelegene, ehemalige Fischerdorf Marang ist Ausgangspunkt für Touren zur Insel Kapas. Vom Pier aus geht es mit dem Boot auf das 6 km entfernte Eiland, das zum Marine Park erklärt wurde, um die letzten Korallenbänke zu schützen. Kapas lädt zum Relaxen und Schnorcheln ein. Übernachten können Sie in Bungalows wie im idyllischen und komfortablen INSIDER TIPP *Kapas Turtle Valley Beach Resort (8 Bungalows | Tel. 013 3 54 36 50 | www.kapasturtlevalley.com | €€)* unter holländischer Leitung oder günstiger im kreativ gestalteten *Captain's Longhouse (7 Zi., 1 Schlafsaal | Tel. 017 9 88 90 46 | €)*. Schnellboote verkehren alle zwei Stunden ab Marang *(9–17 Uhr)* und ab Pulau Kapas *(9.30–17.30 Uhr in 20 Min. | RM 30–40 hin und zurück)*.

MASJID TENGKU TENGAH ZAHARAH (FLOATING MOSQUE)

(131 D2) *(🗺 C3)*

Die strahlend weiße *floating mosque* in Kampung Ibai (6 km südlich des Zentrums von Kuala Terengganu) wirkt, als schwämme sie auf dem Wasser. *Jalan*

Sultan Mahmud | Touristenbus C01 ab Kuala Terengganu nahe Istana Maziah, RM 1, Taxi RM 20

PULAU REDANG (131 D2) (*🕮 C3*)
Ausgangspunkt für die Ferieninsel mit exzellenten Schnorchel- und Tauchmöglichkeiten ist Merang (38 km nördlich von Kuala Terengganu). Übernachtungen gibt es nur im Paket, Auskünfte beim *The Tapas Beach & Spa (183 Zi. |*

Nicht nur Taucher lieben das glasklare Wasser rund um die Insel Redang

Tel. 09 2 21 39 97 | www.thetaaras.com | €€€) und dem familienfreundlichen *Coral Redang Island Resort (31 Zi. | Tel. 09 6 30 71 10 | www.coralredang.com.my | €€€)*.

TASIK KENYIR
(130–131 C–D 2–3) (*🕮 C3–4*)
40 Flüsse speisen den Kenyir-Stausee, und 34 Inseln ragen aus dem Gewässer, das je nach Wasserstand 260–380 km² groß ist. Von Kuala Terengganu und Marang aus fahren Busse die 55 km nach Westen bis Kuala Berang. Mit dem Taxi gelangen Sie von dort zum 13 km entfernten, von Dschungel umgebenen Erholungspark am *Sekayu-Wasserfall (RM 25)*, zur *Sungai Gawi Jetty* (Bootsanleger, *30 km, RM 60)* und zum Staudamm *(15 km, RM 30)* am See. Dort kann man Ausflugsboote zu verschiedenen Inseln und Wasserfällen mieten. In der Nähe der Sungai Gawi Jetty befinden sich das *Informationszentrum (Tel. 09 6 26 77 88 | www.kenyirlake.com)* und das malerisch am Ufer gelegene *Lake Kenyir Resort Taman Negara (135 Zi. | Tel. 09 6 66 83 01 | www.lakekenyir.com | €€–€€€)*.
Touren zum Kenyir-See veranstaltet *Ping Anchorage (77A, Jalan Sultan Sulaiman | Tel. 09 6 26 20 20)*. Ausflüge am See ab Sungai Gawi Jetty zum *Saok-Wasserfall* plus *Herb Park* kosten RM 150 und zum *Lasir-Wasserfall* plus *Herb Park* RM 300. Halbtagestouren zum *Kelah Sanctuary*, wo man schwimmen und Fische füttern kann, werden für ca. RM 450 angeboten.

KUANTAN

(131 D4) (🕮 D4) **Kuantan, auf halbem Weg zwischen Singapur und Thailand, ist mit über 600 000 Einwohnern die größte Metropole und Hauptstadt des Bundesstaats Pahang.**

Die Moschee *Sultan Ahmad Shah* mit ihren eindrucksvollen Minaretten und Kuppeln in der *Jalan Masjid* ist seit 1994 das Wahrzeichen der Stadt. Parallel zu Jalan Mahkota und dem Kuantan-Fluss verläuft die *Jalan Besar* mit ihren alten chinesischen *shophouses*. Während einer Tour auf dem *Kuantan-Fluss (ab Fähranleger Shahbandar Jetty | ab 5 Teilnehmern 9–19 Uhr | Kosten RM 38 | Dauer 1 Std. | Tel. 011 0 66 32 02)* zieht eine malerische Landschaft an Ihnen vorbei, u. a. ein Mangrovenreservat. Spannend ist eine Nachtfahrt *(nach Voranmeldung um 20 Uhr | Kosten RM 50 | Dauer 1 Std. 30 Min.)*, sie führt in einen Nebenfluss zu den Glühwürmchen. Am Stadtstrand *Teluk Chempedak* gibt es einige Hotels und Restaurants. Gute Straßenverbindungen bestehen von Kuantan aus entlang der Ostküste und nach Kuala Lumpur (250 km); zudem gibt es Direktflüge nach Kuala Lumpur, Penang und Singapur.

ESSEN & TRINKEN

An der *Jalan Tanjung Lumpur*, der Ausfallstraße Richtung Süden, kommen jenseits der großen Brücke Seafood-Freunde voll auf ihre Kosten. Hier finden Sie zahlreiche preisgünstige Restaurants. Genießen Sie *ikan bakar*, frisch gegrillten Fisch, oder die Thai-Suppe *tom yam* mit Meeresfrüchten (€–€€).

SHERWOOD

Neben dem Delikatessenladen mit einer guten Auswahl an Wein, Käse und Brot wird im rustikalen Restaurant leckere asiatische „Swiss Cuisine“ aufgetischt. *Tgl. 11–23 Uhr | 19, Jalan Teluk Sisek | zwischen Zentrum und Teluk Chempedak | Tel. 09 5 66 39 68 |* €€–€€€

TELUK CHEMPEDAK

In Strandnähe gibt es nur Fast-Food-Restaurants und (internationale) -Ket-

LOW BUDG€T

Im Fischerdorf Cherating **(131 D3) (🕮 D4)** können Sie bei *Ghazali Arts* an der Main Street batiken lernen und nach eigenen Motiven ein Tuch oder T-Shirt fertigen – das macht Spaß und ist preisgünstig.

Sehr günstige und gute kleine Restaurants und *foodstalls* finden Sie in Kuala Terengganu **(131 D2) (🕮 C3)** im *Kampung Cina*, der atmosphärischen Chinatown mit ihren zahlreichen alten *shophouses*. *Etwa 10 RM pro Mahlzeit*

Auf den Perhentian-Inseln **(130 C2) (🕮 C3)** kommen Sie mit kleinen Taxibooten, die RM 5–20 pro Person kosten, günstig von Strand zu Strand.

Die Grotte *Gua Charas* **(131 D4) (🕮 C4)** (auch *Gua Panching* genannt) liegt inmitten von Palmölplantagen. In der Höhle wartet für RM 2 Eintritt ein 9 m langer, liegender Buddha auf Besucher. Unbedingt feste Schuhe anziehen! *Lokalbus Richtung Sungai Lembing, bei Panching aussteigen, 4 km lange Plantagenstraße zur Höhle*

ten, dazu einfache malaiische Lokale im *Selara Warisan*.

INSIDER TIPP **TJANTEK ART BISTRO**
Abends sitzt man gemütlich in diesem mit zahllosen Cola-Dosen, Flaschen und Accessoires dekorierten, kleinen, freundlichen Künstlercafé und lässt sich Kaffee und westliche Snacks schmecken. *Mo–Sa 19–1 Uhr | 46, Jalan Besar | Tel. 09 5 16 41 44 | www.dia.com.my |* €€

Und ewig rauscht die Brandung: Buchtenglück auf Pulau Tioman

EINKAUFEN

Die *East Coast Mall Kuantan*, das größte Einkaufszentrum an der Ostküste, erhebt sich unübersehbar nordwestlich des Zentrums. Im Osten der Innenstadt liegt die gut besuchte *Berjaya Megamall* mit einem Multiplexkino und einem Buchladen, der auch englische Titel im Sortiment hat. Auch die lokalen Märkte laden zum Bummeln ein.

AM ABEND

Das Nachtleben beschränkt sich auf die Bars in den großen Hotels, z. B. auf dem Dach des *Mega View*. Im *Tjantek Art Bistro* sitzt man auch zu späterer Stunde gemütlich zusammen.

ÜBERNACHTEN

MEGA VIEW
Zehnstöckiger Block direkt am Flussufer. Die schönsten der einladenden, gut ausgestatteten Zimmer mit Balkon und Flussblick liegen im achten und neunten Stock. *94 Zi. | 567, Jalan Besar | Tel. 09 5 17 18 88 | www.megaviewhotel.com |* €€

HOTEL SENTRAL KUANTAN
Der sechsstöckige Hotelbau bietet saubere und komfortable Zimmer zu einem sehr guten Preis-Leistungs-Verhältnis. *79 Zi. | 45-P, Jalan Besar | Tel. 09 5 65 99 99 | www.hotelsentralkuantan.com.my |* €

THE ZENITH HOTEL
Das beste Hotel im Ort mit komfortablen, geräumigen Zimmern, Swimmingpool und Fitnesscenter. *519 Zi. | Jalan Putra Square 6 | Tel. 09 5 65 95 95 | www.thezenithhotel.com |* €€–€€€

AUSKUNFT

TOURISM PAHANG
Gute Informationen im Bangunan Mahkota Square. *Jalan Mahkota | Tel. 09 5 16 10 07 | www.pahangtourism.org.my*

ZIELE IN DER UMGEBUNG

BESERAH (131 D4) (*🕮 D4*)
Typisch malaiisches Dorf (8 km nördlich von Kuantan), in dem jeden Montag Nachtmarkt ist. Nördlich des Orts liegt am Strand das gepflegte *Swiss Garden Beach Resort & Spa (268 Zi. | Tel. 09 5488288 | www.swissgarden.com | €€€).*

CHERATING (131 D3) (*🕮 D4*)
Berühmt wurde der Strand 42 km nördlich von Kuantan, als hier Anfang der 1980er-Jahre der erste *Club Med (297 Zi. | Tel. 09 5819133 | www.clubmed.com | €€€)* Asiens eröffnet wurde. Die Anlage liegt traumhaft an einer Privatbucht.
Einheimische Urlauber bevölkern überwiegend am Wochenende und in den Ferien die etwa 20 Unterkünfte am weiten, von Kasuarinen bestandenen Sandstrand. Das einladende *Tanjung Inn (85 Zi. | Tel. 09 5819081 | €–€€)* hat einfache Holzhütten ebenso wie klimatisierte Zimmer mit Himmelbetten rings um einen großen Teich und am Strand zu bieten. Es gibt Surfbrett- und Fahrradvermietungen, Batikwerkstätten und die Möglichkeit zu Bootsausflügen auf dem Cherating-Fluss oder zur Insel *Pulau Ular*. Lohnend ist ein Besuch der *Schildkrötenaufzuchtstation (Di–So 9.30–16.30 Uhr | Tel. 09 5819087)* an der Straße zum Club Med. Die Busse (auf der Strecke Kuantan–Kuala Terengganu) stoppen an der Hauptstraße.

KEMAMAN (CUKAI) (131 D3) (*🕮 D4*)
Im einstigen Hafen abseits der Nationalstraße 3 an der Mündung des Sungai Kemaman lohnt ein Besuch des Restaurants *Tong Juan (117, Jalan Sulaiman | Tel. 09 8591346 | €)*, in dem seit Jahrzehnten INSIDER TIPP hervorragende gefüllte Krebse *(stuffed crab)* zubereitet werden. Die Nachbarlokale kopieren das erfolgreiche Rezept, allerdings mit deutlich geringerem Erfolg.

PEKAN (131 D4) (*🕮 D5*)
Das geruhsame Städtchen am Pahang-Fluss (44 km südlich von Kuantan) ist die Residenzstadt des Sultans von Pahang. An der Uferstraße liegen die ältere *Abdullah-Moschee* und die neuere *Sultan-Ahmad-Shah-Moschee*.
Ein paar Schritte weiter zeigt das leider schlecht gemanagte Museum *Sultan Abu Bakar (Di–Do, Sa/So 9.30–17, Fr 9–12.15 u. 14.45–17.30 Uhr | Eintritt frei | Jalan Sultan Ahmad)* Kunsthandwerk und Teile des Besitzes der Sultansfamilie. Lokalbusse oder Taxis fahren 4 km nach *Pulau Keladi*, wo Sie im *Kampung Budaya* und im *Pahang Silk Weaving Centre* Weberinnen bei der Arbeit über die Schulter schauen können.

PULAU TIOMAN ★
(131 E4–5) (*🕮 D5*)
Die Insel Tioman besitzt mächtige, von Regenwald bestandene Berge, Sandstrände und klares Wasser. Heute leben rund 3000 Insulaner dort. Ein Teil der Gewässer um die Insel ist als Marine Park ausgewiesen. In vielen Buchten locken Urlaubsquartiere – von einfachen Holzbungalows bis hin zu exklusiven Luxusresorts. Die meisten befinden sich an den Hauptstränden *Salang* im Norden, *Air Batang* und *Tekek* im Zentrum sowie *Juara* an der Ostküste. Dorthin verläuft quer über die Insel ein anstrengender Dschungelpfad und eine sehr steile, schmale, aber asphaltierte Straße. Die andere Straße verbindet den Flugplatz und die Marina in Tekek mit dem Luxusresort *Berjaya Tioman Resort (268 Zi. | Tel. 09 4191000 | www.berjayahotel.com/tioman | €€€)*. Noch exklusiver ist das in einer eigenen Bucht gelegene

Japamala Resort (13 Chalets | Tel. 09 4 19 77 77 | www.japamalaresorts.com | €€€). Ebenfalls an einem schönen eigenen Sandstrand steht das familienfreundliche INSIDER TIPP *Melina Beach Resort (17 Zi. | Tel. 09 4 19 70 80 | www.melinabeachresort.com | €€€).* Günstiger sind die Bungalows des *Salang Sayang Resort (33 Zi. | Tel. 013 7 40 03 18 | salangsayangresorts.webs.com | €–€€)* oder die zwei alteingesessenen Anlagen *Nazri's Place I und II (31 Zi., 6 Bungalows | Tel. 09 4 19 13 29 | nazrisplace.net | €–€€).*

Am ruhigen Strand von Juara entspannt es sich gut im *Juara Beach Resort (29 Zi. | Tel. 09 4 19 31 88 | www.fb.com/Juara-Beach-Resort-175391915848933 | €€)* oder in den Hütten des lässigen *Rainbow Chalet (7 Zi. | Tel. 09 4 19 31 40, 017 7 60 61 59 | €).*

Tauchkurse mit PADI-Prüfung können Sie beim gut ausgerüsteten, deutschsprachigen *B&J Diving Centre (Tel. 09 4 19 12 18 | www.divetioman.com)* in Tekek und Salang absolvieren.

Die Insel ist mit Fähren vom Küstenstädtchen *Mersing,* 191 km südlich von Kuantan, erreichbar *(je nach Saison und Gezeitenlage Abfahrten zwischen 6.30 und 8, 10 und 13 sowie 15 und 16.30 Uhr | RM 35 pro Strecke | Dauer 1,5–2 Std.).* Von Mersing verkehren Busse in alle größeren Städte.

SUNGAI LEMBING (131 D4) (*C4*)

In der verschlafenen Kleinstadt 40 km nordwestlich von Kuantan wurde bis 1986 in der größten unterirdischen Zinnmine der Welt das Erz geschürft. Über 100 Jahre war die bis in eine Tiefe von 690 m reichende Mine aktiv und ernährte die etwa 10 000 größtenteils chinesisch-stämmigen Bewohner. Heutzutage lebt nur noch ein Bruchteil davon in der rustikal-romantischen, an eine verlassene Westernstadt erinnernden Ansiedlung, die zahlreiche schöne Fotomotive bereithält. Ein Besuch des lohnenswerten *Museums (So–Do 9–17, Fr 9–12.30 u. 14.30–17 Uhr | Eintritt RM 5 | www.jmm.gov.my/en/sungai-lembing-museum)* und ein Mittagessen im freundlichen Ambiente des *Lembing Tea House (Sa/So 10–17 Uhr | Tel. 019 9 69 21 12 | €)* runden den Ausflug ab.

Von Kuantan aus fährt der *Bus Nr. 500 (6.10–19.20 Uhr alle 30–40 Min. | Ticket RM 4)* nach Sungai Lembing, ein Taxi kostet RM 60.

TAMAN NEGARA NATIONAL PARK ★ (130–131 C–D3) (*C4*)

Die beste Zeit für einen mehrtägigen Ausflug in den ältesten Nationalpark Malaysias, gegründet 1939, ist die Trockenzeit, obwohl der Park das ganze Jahr über geöffnet hat. Einfache bis relativ komfortable Zimmer finden sich auf der großen, 1 km vom Parkeingang entfernt gelegenen Anlage des *Han Rainforest Resort (130 Zi. | Tel. 09 2 66 78 88 | www.han-rainforestresort.com | €–€€€).* Ein Gang durch die Wipfel der Urwaldriesen auf dem INSIDER TIPP *Canopy Walkway (Sa–Do 9.30–15, Fr 9–12 Uhr | Eintritt RM 5)* bietet atemberaubende Ausblicke, ebenso wie Bootsfahrten auf den Flüssen in einem der ältesten Regenwälder der Erde (130 Mio. Jahre).

Von Kuala Tahan aus führen markierte Wanderwege zum Aussichtspunkt auf dem 344 m hohen *Bukit Teresek,* zu mehreren Hochständen, auf denen man die Nacht verbringen kann, und bis nach *Kuala Terenggan* bzw. zum Wasserfall *Lata Berkoh.*

Von Kuala Lumpur aus fahren private Busse und Reiseveranstalter NKS zur Bootsanlegestelle in *Kuala Tembeling (ca. 8 Uhr | RM 40 | Han Travel: Tel. 03 20 31 08 99 | www.taman-negara.com;*

Besuch bei den Orang Asli: Malaysias Ureinwohner leben nur scheinbar so wie früher

NKS: Tel. 03 20 72 03 36 | www.taman-negara-nks.com). Von dort bringen Sie Boote in drei Stunden *(Abfahrt zwischen 13.30 und 14.30 Uhr | RM 35–40)* nach *Kuala Tahan*, dem Eingangstor zum Taman Negara. Dorthin gelangt man auch mit dem Bus ab *Jerantut (6.30, 12.30 und 17 Uhr | RM 7)*. Am Bootssteg in Kuala Tembeling und im Headquarter des Nationalparks erhalten Sie das erforderliche Permit. Hier können auch Übernachtungen in den einfachen Hochständen gebucht werden. Die Chancen, von dort aus Tiere zu beobachten, sind aber gering.

TASIK CHINI (131 D4) *(🕮 C5)*

Am Ufer des Sees leben Orang Asli vom Stamm der Jakun; sie sind die eigentlichen Ureinwohner Malaysias. Die Eingriffe des Menschen in das fragile Ökosystem des Sees haben den natürlichen Lebensraum der Lotosblüten, die einst große Teile des Sees bedeckten, zerstört. Auch der Dschungel ist bis auf die steilen Berghänge fast völlig von Ölpalmen verdrängt worden.

Die Orang Asli fahren Besucher ab der Anlegestelle am Lake Chini Resort und dem Dorf Kampung Gumum mit Booten über den See. Von Gumum aus gibt es eine 30-minütige Neun-Seen-Tour *(RM 60 pro Boot)*, zwölf Seen können Sie in 45 Minuten für RM 70 sehen, eine Chini-River-Tour kostet RM 80 und neun Seen, der Fluss sowie ein Besuch in einem Orang-Asli-Dorf RM 130 *(Dauer 90 Min.)*. Der See ist am besten per Taxi *(ca. RM 125)* von Kuantan aus zu erreichen.

SARAWAK

Sarawak ist mit rund 125 000 km² nur wenig kleiner als Westmalaysia. Auf der Halbinsel leben allerdings zehnmal mehr Menschen als in Sarawak, wo sich die 2,6 Mio. Einwohner auf die Städte der Küstenregion konzentrieren.

Die Menschen, ob Iban oder Dayak, Kayan oder Penan, Malaien oder Chinesen, haben in den letzten Jahrzehnten einen außerordentlichen Wandel ihrer Heimat mitgemacht. Die Abholzung der Wälder, das Anlegen riesiger Ölpalmplantagen und die Erschließung von Erdöl- und Erdgasvorkommen brachten viel Geld in den östlichen Bundesstaat. Die Städte erlebten einen ungeheuren Bauboom. Das bislang nur schwer zugängliche Hinterland wurde erschlossen. Riesige Staudammprojekte sollen neue Industriezentren mit Energie versorgen. Doch nicht alle haben vom Aufschwung profitiert. In kleinen Handelsposten und Dörfern geht das Leben noch seinen geruhsamen Gang. Es sind vor allem diese Menschen, die die Last der Entwicklung zu tragen haben: durch die Verschmutzung ihrer Flüsse, die Ausbreitung von Monokulturen und die Zerstörung ihres traditionellen Lebensraums. Nur mit Mühe können die letzten verbliebenen Naturlandschaften vor dieser Umgestaltung bewahrt werden.

Sarawak ist faszinierend: Die Hauptstadt Kuching stammt aus der Ära, als das Land von der britischen Familiendynastie Brooke, „weiße Rajas" genannt, regiert wurde (1841–1945). Von der Boomtown Miri gelangt man zu den

Bild: Orang-Ulu-Krieger im Sarawak Cultural Village

Südostasiatisches Multikulti: Einstige Bewohner des Dschungels und Nomaden leben auf Borneo Tür an Tür mit Chinesen und Malaien

imposanten Höhlen im Gunung Mulu National Park. Natur pur bietet der Bako National Park.

KUCHING

(132 B4) *(⊞ H6)* **Kuching (680 000 Ew.), die Hauptstadt des Bundesstaats Sarawak, gilt als eine der attraktivsten Städte Südostasiens.**

In den kleinen Straßen entlang des Flusses stehen hübsche Tempel, historische Gebäude und die traditionellen chinesischen *shophouses*. In den Geschäften

CITY **WOHIN ZUERST?**
Waterfront Promenade: Nicht nur abends zum Sonnenuntergang ist sie das perfekte Ziel. Auch tagsüber sollten Sie Ihren Stadtbummel hier beginnen. Am besten lassen Sie sich von einem Taxi ans östliche Ende bringen.

Historisches Flair, goldene Zukunft: chinesische *shophouses* vor dem Parlamentsgebäude

und auf den Märkten finden Sie feines Kunsthandwerk aus der Region. Der Sarawak-Fluss teilt die Stadt: Den Süden prägen der koloniale und der chinesische Einfluss sowie die Geschäftswelt. Im Norden wohnen mehrheitlich Malaien. Hier stehen am Flussufer traditionelle *kampung*-Häuser neben modernen Verwaltungsbauten. Die beiden Teile sind so unterschiedlich, dass sie je einen eigenen Bürgermeister und ein eigenes Rathaus haben.

Antworten auf die Frage, wie der Name der Stadt zustande gekommen ist, finden Sie im *Sarawak-Museum*. Dass Kuc(h)ing das malaiische Wort für „Katze" ist, dokumentieren die vielen Katzenmonumente in der Stadt (z. B. die Statue an der Kreuzung *Jalan Padungan/Jalan Central*), aber auch das Katzenmuseum. Vermutlich leitet sich das Wort jedoch vom im indochinesischen Raum gebräuchlichen Wort „cochin" ab, das für „Hafen" steht.

SEHENSWERTES

CAT MUSEUM ●

Das Katzenmuseum in der Kuching North City Hall ist vollgestopft mit lustigen Stubentiger-Memorabilien in allen erdenklichen Formen und Farben. Hier erfahren Sie nicht nur mehr über die bis in die altägyptische Epoche zurückreichende Geschichte der Hauskatze, sondern auch etwas darüber, wie die Stadt der Legende nach zu ihrem Namen gekommen ist. *Tgl. 9–16.30 Uhr | Jalan Semariang | Eintritt frei, fotografieren RM 3–5*

CHINESE HISTORY MUSEUM

Das einstöckige, restaurierte Gebäude an der Waterfront war unter dem „weißen Raja" von Sarawak, James Brooke, einst Sitz des Gerichts und der chinesischen Handelskammer. Passend dazu befindet sich heute in den Räumlichkeiten das Chinese History Museum. Es beleuchtet die mehr als 1000 Jahre alten Handelsverbindungen mit dem Reich der Mitte sowie die Geschichte und Kultur der verschiedenen in Sarawak ansässigen chinesischen Volksgruppen. Dabei wird deutlich, wie stark sich die Teochew von den Kantonesen oder die Hakka von den Hainanesen unterscheiden. *Mo–Fr 9–16.30, Sa/So 10–16 Uhr | an der Waterfront | Eintritt frei*

FLUSSFAHRTEN

Eine Fahrt auf dem Sarawak-Fluss zeigt Ihnen die Stadt in ihrer Vielfalt und Schönheit. Sie passieren dabei nicht nur die kleinen Fährboote, die bunten *sampans* (kleine Boote) und Fischerboote, sondern auch *Fort Magherita*, das 1879 im Stil der englischen Renaissance zum Schutz vor Piraten gebaut wurde. Außerdem geht es vorbei an dem alles überragenden Rundbau des Parlamentsgebäudes, an der *Istana*, der Residenz des Gouverneurs von Sarawak, der *Nationalmoschee* und an traditionellen malaiischen Holzhäusern. Eine einstündige Rundfahrt können Sie bei *Kuching Adventure Cruise (tgl. 10–19 Uhr, ca. alle 60 Min. | Abfahrt ab dem Pier an der Kuching Waterfront | Tour RM 35 | Tel. 08 2 24 03 66)* buchen.

HISTORISCHES ZENTRUM

Jede Menge zu entdecken gibt es zwischen der 1968 erbauten *Kuching-Moschee*, dem *Padang Merdeka* (Unabhängigkeitsplatz) und den modernen Hotels am Flussufer: Koloniale *shophouses* schmücken die *Jalan Padungan*, den *Main Bazaar* sowie die parallel verlaufende *Jalan Carpenter*. Letztere mündet in die *Jalan Tun Haji Openg* mit dem neoklassizistischen Hauptpostamt und dem *Round Tower* (1886), einem befestigten Gebäude, das mit dem *Court House* (1874) und dem *Pavilion Building*, in dem das *Textilmuseum (Mo–Fr 9–16.45, Sa/So 10–16 Uhr | Eintritt frei)* untergebracht ist, eine Einheit bildet.

SARAWAK MUSEUM

Bereits 1891 gegründet, diente dieses Museum britischen Forschern als wichtige Basis bei der Erkundung der Tropeninsel. Einige verstaubte Ausstellungsstücke im Altbau stammen noch aus jener Zeit, vor allem in der naturkundlichen und der interessanten ethnologischen Sammlung. Einen Kontrast dazu bildet die von Shell finanzierte Ausstellung über die Geologie und Ölförderung in Sarawak. Das Obergeschoss ist der Ethnologie vorbehalten. Hier erfahren Sie mehr über das traditionelle Alltagsleben im Langhaus. Etwas weiter westlich zeigt das *Islamic Museum* eine internationale Sammlung islamischen Ursprungs. Die

MARCO POLO HIGHLIGHTS

★ **Waterfront Promenade**
Besonders am Abend, wenn die Sonne untergeht, ist Kuchings schöne Flussseite ein romantisches Ziel → S. 76

★ **Sarawak Cultural Village**
Im lebhaften Museumsdorf bei Kuching vermitteln Ihnen Einheimische die traditionelle Kultur Sarawaks → S. 79

★ **Langhaus-Touren**
Unvergessliches Dschungelabenteuer: in einem Langhaus der Iban am Oberlauf der Flüsse übernachten → S. 80

★ **Gunung Mulu National Park**
Höhlen, Berge, Regenwald und Flüsse – Naturerlebnis auf einem einzigartigen Flecken Erde → S. 82

Galerien beleuchten nicht nur die traditionell religiös beeinflusste Literatur und Architektur, sondern auch die Bereiche Musik, Textilien, Waffen und Medizin. *Mo–Fr 9–16.45, Sa–So 10–16 Uhr | Jalan Tun Haji Openg | Eintritt frei | Tel. 012 8 55 05 88 | www.fb.com/fosmuseum*

WATERFRONT PROMENADE ★ ●

Die über 1 km lange Promenade am Flussufer im Zentrum hat sich zu einer Flaniermeile gemausert. Spaziergänger genießen abends die kühle Brise und das Farbenspiel der untergehenden Sonne auf dem Wasser. Verkaufsstände und Läden in Ufernähe sowie im restaurierten Gebäude der *Sarawak Steamship Company* bieten Snacks und Kunsthandwerk an. Am Wochenende spielen auf der Freilichtbühne Musiker. Der *Square Tower* steht an der Stelle des ersten Forts. Dahinter führt eine neue Fußgängerbrücke hinüber zur Istana.

LOW BUDG€T

Der *Gunung Gading National Park* **(132 B4)** ***(🕮 H6)*** im Lundu Distrikt im Südwesten Sarawaks lockt mit Wasserfällen, Dschungeltrekking auf den Gipfel des Gunung Gading, Rafflesias – und dem schönen, sehr günstigen *Forest Hostel (RM 15/Bett oder RM 40/Zimmer mit 4 Betten | Tel. 082 61 00 88 | ebooking.com.my). Etwa 2 Std. Fahrt von Kuching oder 5 Min. von Lundu | short.travel/mls4*

Im nur 180 ha großen *Matang Wildlife Centre* im Kubah National Park **(132 B4)** ***(🕮 H6)*** haben Sie für wenig Geld gute Chancen, Orang-Utans in einem offenen Zoo zu beobachten. Im Rehabilitationszentrum leben auch andere Tiere, z. B. Gibbons, Malaienbären, Krokodile und Nashornvögel. Außerdem gibt es Picknick- und Campingplätze sowie Gelegenheiten zum Schwimmen. *Eintritt RM 20 | etwa 20 km (RM 45–60 mit dem Taxi) nordwestlich von Kuching*

ESSEN & TRINKEN

CHINAHOUSE AT THE OLD COURTHOUSE

Im alten Gerichtsgebäude hat die urbane, junge Mittelschicht einen Treffpunkt gefunden. Die rustikale Halle ist Café, Restaurant und Bar zugleich. Die Kost ist gesund und verführerisch und die Auswahl an Kuchen umwerfend. *Tgl. 9–24 Uhr | Jalan Court House | Tel. 082 41 76 01 | €€€*

PINOY FIESTA IHAW IHAW

Die gute Sängerin und herzliche Gastgeberin Karen und ihre Familie servieren Ihnen in entspannter Atmosphäre leckere, deftige Gerichte von den Philippinen. Das *adobo pork* oder die knusprige Schweinshaxe munden noch besser in Kombination mit einem eisgekühlten Bier. *Di–So 11–14 u. 17–23 Uhr | 143, Jalan Padungan | Tel. 082 23 36 69 | www.fb.com/PinoyFiestaIhawIhaw | €–€€*

INSIDER TIPP THE.DYAK

Der Weg zum etwas außerhalb des Stadtkerns gelegenen, modern mit ethnischem Touch eingerichteten Restaurant lohnt! Hier werden ausgefallene, höchst schmackhafte einheimische Spezialitäten nach überlieferten Rezepten der letzten Iban-Herrscherfamilie von Betong auf die Teller gezaubert. *Mo–Sa 12–22 Uhr | Lot 29, Panovel Commercial Complex | Jalan Simpang Tiga | Tel. 082 23 40 68 | www.fb.com/the.Dyak | €€–€€€*

INSIDER TIPP **TOP SPOT SEAFOOD CENTRE**
Auf dem Dach eines Parkhauses werden exzellente fangfrische Meeresfrüchte und lokale Spezialitäten zubereitet. *Tgl. 16–23 Uhr | Jalan Mata Bukit Kuching | €–€€*

EINKAUFEN

Die Auswahl von lokalem Kunsthandwerk ist einmalig auf Borneo. Preise zu vergleichen und zu handeln lohnt sich in den kleinen chinesischen Läden am *Main Bazaar*. Große Einkaufszentren sind die *Hills Shopping Mall (Jalan Bukit Mata)*, *Plaza Merdeka (Padang Merdeka | www.plazamerdeka.com)* und *The Spring Mall (Jalan Simpang Tiga | www.thespring.com.my)*. Letztere mit Kino.

FREIZEIT & SPORT

Ein öffentliches Freibad ist das *Stampark Place (Mo–Do 13–21, Fr–So 7–21 Uhr | Lorong B, Jalan Stutong, Taman Satria Jaya | Eintritt RM 6,90)*. Für Wassersport und zum Golfen fährt man zum *Damai Beach* (s. S. 79).

AM ABEND

Die beliebte Bar *Drunk Monkey (tgl. 14–2 Uhr | 68, Jalan Carpenter | www.fb.com/drunkmonkeyoldstreetbar)* punktet mit rustikalem, aber durchgestyltem Charme und gemütlichen Plätzen drinnen und draußen. Noch größer ist *The Granary (tgl. 7–24 Uhr | Livemusik tgl. ab 20 Uhr | 23, Jalan Wayang | www.thegranary.my)* im angesagten Industrial-Design in einer großen ehemaligen Lagerhalle. Allein der originellen Einrichtung wegen lohnt ein Besuch des *Feast & Furious Café (tgl. 7.30–23.30 Uhr | 244, Jalan Tungku Abdul Rahman | €€–€€€)* von Alex Wong. In behaglichen Sitzgruppen den Kaffee

Ein Fest für die Sinne: einer der vielen reich bestückten Märkte in Kuching

schlürfend. bewundern Sie Trophäen von gewonnenen Rennen sowie die entsprechende Ausrüstung samt Fahrzeugen, vom Rennauto bis zum Jetski.

ÜBERNACHTEN

BATIK BOUTIQUE HOTEL
Die hellen Zimmer sind kreativ mit kleinen Fliesenmosaiken, ethnischen Textilien und Wandbemalungen gestaltet und modern eingerichtet. *15 Zi. | 38, Jalan Padungan | Tel. 082 42 28 45 | www.batikboutiquehotel.com | €€–€€€*

THE LIME TREE HOTEL
Freundliches und modernes Nichtraucherhotel mit 42 kleinen Zimmern und der *Limelight Rooftop Lounge* im fünften Stock. *317, Jalan Abell | Tel. 082 41 46 00 | www.limetreehotel.com.my | €€*

PULLMAN KUCHING
Fünf-Sterne-Hotel auf einem Hügel im Zentrum. Die großzügigen, mit moderner Technik und Einrichtung ausgestatteten Zimmer bieten ein erstklassiges Preis-Leistungs-Verhältnis. *389 Zi. | 1A, Jalan Matthies | Tel. 082 222888 | www.pullmankuching.com* | €€–€€€

INSIDER TIPP **SINGGAHSANA LODGE**
Gemütliches, sauberes Hostel mit komfortablen Schlafsaalbetten und Zimmern sowie einem netten Pub im Dachgarten, das nur für Gäste des Hostels offen steht. Die besonders freundliche und kommunikative Atmosphäre ist auch das Verdienst der überaus hilfsbereiten Besitzer Donald und Marina, die selbst leidenschaftlich gern verreisen. Es werden Fahrräder und Motorräder vermietet und Touren angeboten. *25 Zi. | 1, Jalan Temple | Tel. 082 429277 | www.singgahsana.com* | €–€€

AUSKUNFT & TOUREN

VISITORS INFORMATION CENTRE
UTC Sarawak, Jalan Padungan | Tel. 082 410942 | www.sarawaktourism.com

Das Büro der *Sarawak Forestry (Lot 218, KCLD, Jalan Tapang | südlich vom Flughafen | Tel. 082 248088 | www.sarawakforestry.com)* liegt weit außerhalb, sodass Sie Unterkünfte in den Nationalparks besser über die Website buchen. Die Permits erhalten Sie vor Ort. Touren bieten *Borneo Adventure (55, Main Bazaar | Tel. 082 245175 | www.borneoadventure.com)* und *Borneo Experiences (1, Jalan Temple | Tel. 082 429239 | borneoexperiences.com)* an.

ZIELE IN DER UMGEBUNG

INSIDER TIPP **BAKO NATIONAL PARK**
(132 B4) (*H6*)
Obwohl nur 37 km von Kuching entfernt, ist die Nordspitze der *Muara-Tebas-Halbinsel* ein bezauberndes Naturschutzgebiet. Erodierte Sandsteinfelsen, steile, vom Eisengehalt verfärbte Kliffe, Mangrovenwälder und Sandstrände zieren die malerische Küste; im Landesinneren erstreckt sich ein Hochplateau mit Rhododendren und Kannenpflanzen. In den Mangroven an der Küste lassen sich Nasenaffen beobachten; um das Parkzentrum herum sind Wildschweine,

WOHNGEMEINSCHAFTEN

Außerhalb der Städte leben noch einige der Einwohner Borneos – zusammengenommen sind es etwa 10 bis 50 Familien – in Langhäusern. Viele sind wegen der besseren Verkehrsanbindung oder großen Staudammprojekte von den Flussläufen an die Straßen umgesiedelt und haben dort steinerne Langhäuser erbaut. Unter den ursprünglich auf Pfählen errichteten Gebäuden, wo früher die Haustiere lebten, parken heutzutage Autos. Eine innere durchgehende Veranda dient allerdings weiterhin als Gemeinschaftsraum und Werkstatt. Von dort gehen die Türen zu den Privatquartieren ab, die Küchen liegen im hinteren Bereich. Noch immer werden die hohen Tonkrüge geschätzt, in denen früher Lebensmittel aufbewahrt wurden, auch wenn Kühlschränke heute deren Funktion übernommen haben.

Klein, aber dennoch faszinierend: der zauberhafte Bako National Park

Eichhörnchen und Makaken zu sehen. Vorsicht, die Affen sind geübte Diebe! Markierte Pfade *(1–6 Std.)* führen durch den Park, sodass man keinen Führer braucht. Ein Tagesausflug ist möglich, sofern man sich auf kurze Wanderungen in Küstennähe beschränkt. Mehr hat man von ein, zwei Übernachtungen im Parkzentrum, doch in der Saison sind die 30 teils sehr vernachlässigten Zimmer (€–€€) oft ausgebucht *(Reservierungen beim Sarawak Forestry in Kuching)*.

Ab Kuching fahren Busse von 7 bis 17 Uhr stündlich für RM 4 nach *Bako Bazaar (Taxi direkt zum Nationalpark RM 60)*. Von der Anlegestelle des Fischerdorfs aus fahren Boote nach Bedarf hinüber nach *Teluk Assam (20 Min. | RM 40)*.

DAMAI BEACH & SARAWAK CULTURAL VILLAGE (132 B4) *(H6)*

Am schönen weißen Sandstrand, 35 km nördlich der Stadt, bieten einige komfortable Resorts Alternativen zu den Stadthotels, z. B. die hübsch in die tropische Natur eingebetteten Baumhäuser des *Permai Rainforest Resort (40 Zi. | Tel. 082 84 64 87 | www.permairainforest.com | €€€)*.

Landeinwärts liegt das ★ ● *Sarawak Cultural Village (tgl. 9–17, Show um 11.30 und 16 Uhr | Eintritt inkl. Show RM 60 | Tel. 082 84 64 11 | www.scv.com.my)*. In einem weitläufigen Park wurden von Bidayuh, Iban, Kenyah, Melanau, Penan, Malaien und Chinesen traditionelle Häuser errichtet, in denen sie ihre Kultur präsentieren. Nach einer Stärkung im Restaurant (€€) lohnt der Besuch der Folkloreshow. Alles wird überragt vom markanten, dschungelüberwachsenen *Gunung Santubong*, der bestiegen werden kann. Ein Shuttlebus *(alle 2 Stunden von 9 bis 17 Uhr | RM 12)* verkehrt ab Singgahsana Lodge, dem Hilton und dem Pullman Hotel in Kuching.

Interessante INSIDER TIPP Bootstouren durch die Mangroven im Santubong-Delta, bei denen Sie die Möglichkeit haben, Krokodile, Flussdelphine und Glühwürmchen zu sehen, veranstaltet *CPH Travel (70, Jalan Padungan | RM 140–160 | Tel. 082 24 37 08 | www.cphtravel.com.my)*. Jedes Jahr findet das INSIDER TIPP *Rainforest World Music Festival (Tagesticket RM 120, Drei-Tage-Pass RM 320 | www.rwmf.net)* an einem Juli-Wochenende im Cultural Village statt. Es bringt Spitzenmusiker aus aller Welt auf der Bühne direkt vor dem Regenwald zusammen. Hotels für diesen Zeitraum sollten Sie bereits Monate im Voraus buchen.

und Dschungelgerichten verköstigt. Zum Verkauf steht Kunsthandwerk von unterschiedlicher Qualität, zum Teil aus Indonesien importierte Massenware.

Wer eine individuelle Erfahrung Großgruppen vorzieht, sollte mindestens eine Übernachtung in einem abgelegenen Langhaus einplanen. Dann geht es auf der Straße in vier bis fünf Stunden bis zum *Batang-Ai-Stausee*, von dort mit dem Boot weiter über den See und auf schmalen Flüssen stromaufwärts, vorbei an Feldern

Miris Chinatown erstrahlt dank Petrodollars im neuen Glanz: Drachen am Tua Pek Kong

LANGHAUS-TOUREN ★

(132–133 C–D 4–5) *(J–K6)*

Am Oberlauf der Flüsse Skrang, Lemanak und Batang Ai leben noch einige Iban-Dorfgemeinschaften in traditionellen Langhäusern. Auch wenn die meisten mittlerweile auf Straßen zu erreichen sind, verwenden die Iban immer noch selbst gebaute Boote mit Außenbordern, um zu ihren Feldern zu fahren oder Touristen abzuholen. Diese werden von den Dorfbewohnern mit traditionellen Tänzen unterhalten und mit Reiswein

mit Bergreis und Pfefferplantagen bis hinauf zu den Dschungelgebieten des *Batang Ai National Parks*. Den Besuch organisieren Veranstalter in Kuching (s. Auskunft S. 78) oder das *Aiman Batang Ai Resort & Retreat (100 Zi. | Tel. 082 41 21 00 | aimanbatangai.com | €€€)* am Stausee.

SEMENGGOH ORANG-UTAN SANCTUARY (132 B5) *(H6)*

42 km südlich von Kuching erreichen Sie nach einer halbstündigen Fahrt das Naturschutzgebiet von Semenggoh. Im

Rehabilitationszentrum wird versucht, von der Forstbehörde beschlagnahmte Orang-Utans an das Leben in der Wildnis zu gewöhnen. Mit etwas Glück lassen sich einige der Menschenaffen während der Fütterungszeiten um 9 und 15 Uhr sehen. Eine kleine Ausstellung informiert über die vom Aussterben bedrohten Primaten. *Tgl. 8–12 u. 14–16.30 Uhr | Eintritt RM 10 | Taxi ab Kuching RM 50–60 einfache Fahrt*

MIRI

(133 E2) (*🕮 L4*) **Die Küstenstadt im Norden von Sarawak ist Ausgangspunkt für den Besuch des schönsten Nationalparks und der ältesten von Menschen bewohnten Höhlen.**

Zuvor sollten Sie es nicht versäumen, Miri (360 000 Ew.) selbst zu erkunden. Seit den 1960er-Jahren hat die Stadt dank der reichlich sprudelnden Ölquellen im Südchinesischen Meer und der Erschließung von Erdgasvorkommen einen gewaltigen Boom erlebt. In der *Chinatown* nördlich des Busbahnhofs wurden die traditionellen Geschäftshäuser liebevoll restauriert. Am Ende des alten Gemüsemarkts *Tamu Lama* neben dem Fischmarkt steht am Ufer des *Miri River* der kleine chinesische Tempel *Tua Pek Kong*. Am Wochenende kommen neben den ausländischen Ölarbeitern auch viele Besucher aus dem konservativ-islamischen Nachbarland Brunei zum Essen, Trinken und Feiern.

Flugverbindungen bestehen u. a. nach Kuala Lumpur, Penang, Singapur, Kuching, Kota Kinabalu und in viele Orte in Sarawak, u. a. in den Gunung Mulu National Park und ins Kelabit-Hochland. Busse verkehren bis Kuching und vereinzelt auch über Brunei bis nach Kota Kinabalu.

SEHENSWERTES

PETROLEUM MUSEUM

Im Mittelpunkt der abwechslungsreichen Ausstellung steht das schwarze Gold, das der Region und dem Sultanat Brunei Wohlstand brachte. Modelle und Schautafeln veranschaulichen die Entstehung von Öl und die Arbeit auf den Bohrinseln. Bereits 1910 wurde in Miri Öl entdeckt. Der erste Bohrturm, die *Grand Old Lady*, steht nahe dem Museum. *Di–Do u. Sa/So 9–16.30, Fr 9–11.45 u. 14.15–16.30 Uhr | Canada Hill | Eintritt frei*

TAMU MUHIBBAH

Auf dem großen, überdachten Markt verkaufen Bauern Obst, Gemüse und andere regionale Erzeugnisse. Mit Glück finden Sie im hinteren Bereich neben dem kleinkörnigen, schmackhaften Bario-Reis seltene Dschungelprodukte. *Tgl. 8–18 Uhr | Jalan Padang*

ESSEN & TRINKEN

APOLLO SEAFOOD CENTRE

Im betriebsamen Restaurant wählen Sie Fische und Krabben aus und entscheiden sich dann für die Zubereitungsart. *Tgl. | 4, Jalan South Yu Seng | Tel. 085 42 08 13 |* €–€€

BILAL RESTAURANT

Alteingesessenes Restaurant mit muslimisch-indischen Gerichten und leckerem Tandoori-Hähnchen. *Tgl. 7–20.30 Uhr | Persiaran Kabor |* €

MING CAFE

Beliebtes Restaurant mit lauter Musik und westlichen sowie asiatischen Gerichten. Beliebt sind die Schweinerippchen und Haxen. Gute Auswahl an Bieren. *Tgl. 10–2 Uhr | Jalan North Yu Seng | www.mingcafe.com.my |* €€

SUMMIT CAFE
Das kleine, offene Restaurant ist der Ort, um ungewöhnliche Gerichte der Dayak zu probieren. Man kann sich die Zutaten zusammenstellen. Es gibt aber auch malaiische Speisen. *Mo–Sa 10–14 Uhr | Centre Point Commercial Centre I* | €

EINKAUFEN

Im *Sarawak Handicrafts (tgl. 9–19 Uhr | Jalan Merbau)* stapelt sich eine gute Auswahl an Kunsthandwerk auf zwei Stockwerken. Einiges kommt allerdings aus Indonesien oder von den Philippinen. Im *Miri Handicraft Centre (tgl. 9–18 Uhr | 266, Jalan Merbau)* verkaufen die verschiedenen ethnischen Gruppen ihre Handarbeiten. Gelegentlich finden auch Tanzvorführungen statt.

Die *Bintang Mega Mall (tgl. 10–22 Uhr | Jalan Miri Pujut)* beherbergt u. a. einen Buchladen mit englischsprachigen Titeln und ein Kino. Ebenfalls groß, klimatisiert und mit Kino ist die *Merdeka Mall (tgl. 10–23 Uhr | Richtung Flughafen)*.

AM ABEND

Chaplin's 339 *(Jalan Miri Pujut | Pelita Commercial Centre)* ist ein klassischer Pub mit freundlichem Personal. Weitere beliebte Lokale um das Pelita sind *Other Office* und *Cheerie Berries*.

In der zweiten Maiwoche bringt das jährliche *Borneo Jazz Festival (www.jazzborneo.com)* regional und international bekannte Jazzmusiker auf die Bühne des *Pavilion (Park City Everly Hotel | Eintritt RM 100)*.

ÜBERNACHTEN

DRAGON INN
Das kleine, ruhig gelegene Hotel punktet mit sauberen Zimmern zu einem guten Preis-Leistungs-Verhältnis. *33 Zi. | Lot 355, Jalan Masjid | Tel. 085 42 22 66* | €

INSIDER TIPP MERITZ HOTEL
Stylisher 18-stöckiger Hotelblock mit komfortablen und modernen Zimmern zu guten Preisen. *237 Zi. | Jalan Miri Pujut | Tel. 085 41 78 88 | www.meritzhotel.com* | €€–€€€

MIRI MARRIOTT RESORT
2 km südlich vom Zentrum gelegen, bietet das familienfreundliche Resort am Strand großzügige Zimmer und eine gepflegte Gartenanlage mit großem Pool. *220 Zi. | Jalan Temenggong Datuk Oyong Lawai | Tel. 085 42 11 21 | www.marriott.com/myymc* | €€€

AUSKUNFT & TOUREN

VISITORS INFORMATION CENTRE
452, Jalan Melayu | südlich des Stadtzentrums | Tel. 085 43 41 81

Touren in das Landesinnere organisieren *Planet Borneo (273, Brighton Centre | Jalan Temenggong Datuk Oyong Lawai | Tel. 085 41 55 82 | www.planetborneotours.com)* und *Borneo Tropical Adventures (Soon Hup Shopping Complex | Jalan Merbau | Tel. 085 41 93 37 | www.borneotropicaladventures.com)*.

ZIELE IN DER UMGEBUNG

GUNUNG MULU NATIONAL PARK ★ ● (133 F2) (Ⓜ L4)
In den Kalksteinmassiven *Gunung Api* (1750 m) und *Gunung Benarat* (1615 m) des 530 km² großen Mulu-Nationalparks *(www.mulupark.com)* östlich von Miri wurden 26 Haupthöhlen und diverse Nebensysteme entdeckt – unter anderem die *Sarawak Chamber*, die größte natürliche Höhlenkammer der Welt (600 m lang, 450 m weit und 100 m hoch). Seit

1985 sind vier Schauhöhlen für Touristen zugänglich. Die einzig praktische Anreise unternehmen Sie mit Kleinflugzeugen der MASwings ab Kota Kinabalu, Kuching und Miri *(4-mal tgl. | ca. RM 115 einfacher Flug)*. Sie sollten unbedingt frühzeitig buchen, da die Maschinen in der Saison oft voll sind!

Empfehlenswert ist das 2 km vom Parkzentrum entfernte luxuriöse, in eine ausgedehnte Gartenanlage eingebettete *Mulu Marriott Resort (101 Zi. | Tel. 085 79 23 88 | www.marriott.de | €€€)*.

Da der Park zum Highlight einer Malaysiareise gehört, haben ihn zahlreiche Reiseagenturen im Programm. Mitzunehmen sind Schuhe mit gutem Profil, Stirnlampe und Regenschutz.

Vom Parkzentrum (hier werden auch Permits ausgestellt) führt ein 3 km langer Holzsteg zur *Lang's Cave (tgl. 14.30–17 Uhr beleuchtet)*, einer Höhle voll herrlicher Tropfsteingebilde. Geht die Sonne unter, fliegen INSIDER TIPP mehrere Millionen von winzigen Fledermäusen aus der benachbarten *Deer Cave (tgl. ca. 16.30–18.30 Uhr)* ins Freie. Die 2160 m lange und bis zu 220 m breite Höhlenpassage gilt als die längste der Welt. Guides führen Besucher in ihren hinteren Teil, bis zum *Garden of Eden*, einem von steilen Felsen umschlossenen Tal. Auf dem Melinau-Fluss geht es zur *Wind Cave (beim Parkzentrum buchen)*, die voller bizarrer Tropfsteine ist. Ein kurzer Spaziergang führt zur *Clearwater Cave*, bei der aus dem Fels quellendes Wasser einen glasklaren Badeweiher füllt. Beide Höhlen werden von 9.30 bis 12.30 Uhr beleuchtet und sind dann im Rahmen von Führungen zugänglich.

Auf dem Weg dorthin stoppen die Boote beim neueren Penan-Dorf *Batu Bungan*. Frauen bieten dort Armreifen und Perlenstickereien, Holzschnitzereien und Matten an.

Abhängig vom Erfahrungsgrad können beim *Adventure Caving* der Garden of

Atemberaubende Unterwelt: Lichtspiele in der spektakulären Deer Cave

Eden und weitere Höhlenpassagen erkundet werden. Nach Voranmeldung ist es maximal acht Besuchern plus Guide möglich, den INSIDER TIPP **Canopy Skywalk** *(6-mal tgl. zwischen 7 und 14 Uhr | RM 43)* zu begehen. Hängebrücken führen durch die Wipfel des Regenwalds und über zwei Dschungelflüsse. Für die Wanderung auf ausgeschilderten Pfaden zum nahen *Paku-Wasserfall* wird kein Guide benötigt. Trekker, die sich bereits gut akklimatisiert haben, wandern in drei Tagen zu den *Pinnacles*, messerscharfen, bis 45 m hoch aufragenden Kalksteinspitzen am Gunung Api.

KELABIT-HOCHLAND

(133 F3) *(L5)*

Im weitgehend unerschlossenen Kelabit-Hochland, das sich im Nordosten Sarawaks auf rund 1200 m Höhe bis zur indonesischen Grenze ausdehnt, ist noch wenig vom Tourismus zu spüren. Die Anreise mit kleinen Propellermaschinen von Miri aus zweimal täglich sollte trotzdem frühzeitig gebucht werden, denn das Hochland ist nur schwer auf dem Landweg zu erreichen. Nach 50 Minuten landen die Maschinen auf dem Flugfeld von Bario. In dem kleinen Hauptort gibt es einfache Unterkünfte, z. B. *Nancy and Harri's Homestay (Tel. 013 8 50 58 50 | €)* und INSIDER TIPP ***The Ngimat Ayu House*** *(Tel. 012 3 80 80 84 | €)*. Das weite Hochland mit Reisfeldern, Bambus- und Kerangaswäldern mit Rhododendren und Kannenpflanzen eignet sich sehr gut für ausgiebige Wanderungen. Reiseagenturen in Miri (s. S. 82) bieten Touren an.

LAMBIR HILLS NATIONAL PARK

(133 E2) *(L4)*

Die bewaldeten Sandsteinhügel südlich von Miri sind ein beliebtes Ausflugsziel, das Naturschutzgebiet eignet sich perfekt für leichte Wanderungen im Regenwald. Das *Parkzentrum (tgl. 8–17 Uhr | Eintritt RM 20 | Tel. 085 471609)* liegt 32 km von Miri entfernt und verfügt über eine Kantine, ein Infozentrum und ein paar einfache Unterkünfte *(über ebooking.sarawak.gov.my vorbuchen | €)*. Die meisten Besucher schlendern nur bis zu den 15 Minuten entfernten *Latak-Wasserfällen,* wo man im natürlichen Pool schwimmen kann. Weiter führt der Pfad zu einem 40 m hohen Aussichtsturm und dann in 3,5 Stunden steil bergan auf den 450 m hohen *Bukit Lambir.*

Es gibt zahlreiche Alternativen, etwa die weniger anstrengenden Wanderungen zum *Nibong- (1 Std.)* oder zum *Pantu-Wasserfall (1 Std. 30 Min.)*. Karten erhält

WALDMENSCHEN

Auf Borneo und Sumatra leben die einzigen Primaten außerhalb Afrikas. Orang-Utans, malaiisch für „Mensch-Wald", sind durch illegalen Tierhandel und die Zerstörung ihres Lebensraums vom Aussterben bedroht. Holzfäller und Plantagenarbeiter erschießen Mütter, um die Babys zu verkaufen. Dank engagierter Naturschutzorganisationen sind die Tiere nun besser geschützt, illegale Tierhändler erwartet die Todesstrafe. Sie können sich in den Rehabilitationszentren in Sarawak (s. S. 80), Sabah (s. S. 95) und im indonesischen Landesteil Kalimantan über die Aktivitäten der Tierschützer informieren.

Der Lambir Hills National Park lockt mit Dschungelpfaden und Badestopps in natürlichen Pools

man beim Parkzentrum. Nehmen Sie genügend Trinkwasser mit! Alle Busse, die von Miri gen Süden fahren, stoppen nahe dem Parkeingang, ein Taxi aus Miri kostet RM 40.

NIAH CAVES (133 E2) (*K4*)

Die Sensation war perfekt, als Archäologen 1958 einen rund 37 000 Jahre alten Schädel in den Niah-Höhlen fanden. Bis dahin war angenommen worden, die südostasiatische Bevölkerung sei viel jünger. Chinesen ist Niah ein Begriff, weil aus diesen Höhlen Vogelnester für ihre berühmte Suppe kommen. Bei schönem Wetter kehren am Abend rund 4 Mio. Salanganen (Seglervögel) in das Höhlensystem zurück, während viermal so viele Fledermäuse hinausfliegen.
Die imposante *Great Cave* ist über einen Holzsteg durch den Primärwald erreichbar *(ca. 1 Std.)*. Durch die Haupthöhle gelangt man in einer halben Stunde zur *Painted Cave* mit ihren prähistorischen Wandmalereien. Die mehr als 1000 Jahre alte Kunst ist jedoch kaum noch zu erkennen.
Busse, die von Miri auf dem Trans-Sarawak-Highway Richtung Süden fahren, halten nach 96 km an der Abzweigung nach *Batu Niah* (11 km). Im Ort gibt es einige Restaurants und einfache Hotels. Von dort geht es entweder auf einer ca. 3 km langen Straße *(Taxi RM 10)* oder einem halbstündigen Fußweg am Fluss entlang zum Nationalpark. Ein Taxi ab Miri direkt zum Nationalpark kostet etwa RM 150.
Der Park hat ein Informationszentrum, eine Kantine, Schlafsäle und hübsche Bungalows *(35 Zi. | Tel. 085 434184 | ebooking.com.my | €–€€€)*. Für die Besichtigung der Niah-Höhlen ist es ratsam, eine starke Stirnlampe, Schuhe mit gutem Profil und ausreichend Trinkwasser mitzunehmen.

SABAH

Die Natur begeistert im zweitgrößten Staat Malaysias (73 631 km²) – die extrem vielfältige Vegetation beim Aufstieg auf den höchsten Gipfel Südostasiens, den Mount Kinabalu (4095 m), der Urwald im Danum Valley und die Tierwelt in den Reservaten: Nasenaffen, Orang-Utans, Nashornvögel und Riesenschildkröten.

Die Bevölkerung (3,5 Mio. Ew.) setzt sich aus vielen ethnischen Gruppen und Zuwanderern aus den Nachbarländern zusammen. Die größte einheimische Gruppe sind die Kadazan (18 Prozent). Schon vor Jahrtausenden siedelten Fischer, Händler und Bauern an den Küsten und Flussläufen, während Jäger und Sammler die überaus artenreichen Wälder durchstreiften. Das Leben der Waldbewohner veränderte sich erst vor wenigen Jahrzehnten grundlegend, als Holzfäller mit großen Maschinen ins Landesinnere vordrangen. Ihnen folgten Plantagengesellschaften, die vor allem im Osten von Sabah riesige Flächen mit Ölpalmen bepflanzten. Mittlerweile wird man sich der vielfältig nutzbaren Schätze der Tropenwälder bewusst und beginnt, einen nachhaltigeren Weg einzuschlagen.

KOTA KINABALU

(135 D2) (*M3*) **Als die Japaner während des Zweiten Weltkriegs Borneo angriffen, wurde Kota Kinabalu**

Bild: am Mount Kinabalu

Land unter dem Wind: Der faszinierende Mount Kinabalu und Nationalparks prägen die Landkarte des Bundesstaats Sabah

(600 000 Ew.) dem Erdboden gleichgemacht.
Das damalige Jesselton ist recht uninspiriert wieder aufgebaut und nach dem Mount Kinabalu benannt worden, der die Stadt überragt. Das Zentrum konzentriert sich auf den schmalen Streifen zwischen Küste und *Signal Hill (Bukit Bendera)*, von dem aus die vorgelagerten Inseln und die *Likas Bay* zu überblicken sind. Reizvoll ist ein Spaziergang auf der Uferpromenade zum *Central Market* und benachbarten *Fischmarkt* an der Jalan Tun Fuad Stephen. Den Sonnenuntergang genießen Einheimische am südlichen *Tanjung Aru Beach* mit einem Luxusresort und einigen Strandrestaurants. *www.kotakinabalu.com*

SEHENSWERTES

KULTURDÖRFER

In zwei Kulturdörfern wird bei Führungen durch rekonstruierte traditionelle Häuser und einem Bühnenprogramm mit Tänzen die traditionelle Kultur vorgestellt.

Abendvorstellung: Abschied von der Sonne an Kota Kinabalus Waterfront

Der größten Bevölkerungsgruppe, den Kadazan, widmet sich *Monsopiad (tgl. 9–17 Uhr | Shows um 9, 11, 14 u. 16 Uhr | Eintritt RM 75 | www.monsopiad.com | 15 km südlich, Taxi RM 30)*. Hingegen präsentiert das *Mari Mari Cultural Village (Buchungen über Traverse Tours | Lot 227, Wisma Sabah | Touren inkl. Essen und Transport RM 170 | Tel. 088 26 05 02 | www.marimariculturalvillage.com | 19 km östlich)* fünf verschiedene Völker.

SABAH MUSEUM

Lokale Kultur, Geschichte, Flora und Fauna, Archäologie und Ethnografie sind die Themen des interessanten Museums. Das angeschlossene *Heritage Village* zeigt traditionelle Häuser und Werkstätten der verschiedenen Ethnien. *Tgl. 9–17 Uhr | Jalan Tunku Abdul Rahman | Eintritt RM 15 | Tel. 088 25 31 99 | museum.sabah.gov.my*

ESSEN & TRINKEN

INSIDER TIPP CHILLI VANILLA

Das kleine, lauschige, mit orientalischen Lampen dekorierte Restaurant ist vollkommen zu Recht beliebt. Vom freundlichen Personal bekommen Sie leckere westliche und mexikanische Speisen aufgetischt. *Mo–Sa 10.30–22.30, So 17–22.30 Uhr | 35, Jalan Haji Saman | Tel. 088 23 80 98 | www.fb.com/chillivanilla.kinabalu* | €–€€

KEDAI KOPI FATT KEE

Das gut besuchte Eckrestaurant serviert einfache, authentische chinesische Küche. Die leckeren *chicken wings* und *sabah veggies* an einem der Tische auf dem Bürgersteig zu genießen ist am angenehmsten. *Mo–Sa 12–22 Uhr | Jalan Haji Saman, Ecke Jalan 4* | €

INSIDER TIPP SERI SELERA KAMPUNG AIR

Rings um einen großen Platz versuchen sich mehrere Restaurants mit einer großen Auswahl an frischem Seafood gegenseitig zu überbieten. Imbiss- und Getränkestände ergänzen das Angebot. *Tgl. 15–2 Uhr | Sedco Complex* | €–€€

EINKAUFEN

Interessante Märkte sind der *Filipino Market (tgl. 10–21 Uhr | Pasar Kraftan-*

gan | Jalan Tun Fuad Stephen) und vor allem der große *Gaya-Straßenmarkt (So 6–13 Uhr | Gaya Street)* mit zahlreichen Verkaufsständen im Stadtzentrum. Die größten Einkaufszentren sind das *Centre Point (tgl. 10–22 Uhr | Lebuh Raya Pantai Baru, Ecke Jalan Duapuloh | www.centrepointsabah.com)* und die *Imago Mall at KK Times Square (tgl. 10–22 Uhr | Jalan Coastal | www.imago.my)*.

FREIZEIT & SPORT

Der *Likas Sport Complex (Jalan Komplex Sukan)* am Stadtrand hat ein 50-m-Schwimmbecken und ein Fitnesszentrum zu bieten. Im *Shangri-La's Tanjung Aru Resort* (s. Übernachten) gibt es ein Wassersportzentrum. Trekkingtouren organisiert *Borneo Eco Tours (Kolombong Jaya | Tel. 088 43 83 00 | www.borneoecotours.com)*, Tauch- und Schnorcheltrips *Borneo Divers (Menara Jubilee | 53, Jalan Gaya | Tel. 088 22 22 26 | www.borneodivers.info)*. Wildwasserfahrten auf dem *Kadamaian, Kiulu* und *Padas River* können Sie mit *Borneo Ultimate (Wisma Sabah | Jalan Tun Razak | Tel. 088 22 51 88 | www.borneoultimate.com.my)* unternehmen.

AM ABEND

Die *Beach Street* und die *Esplanade Waterfront* sind voller Restaurants, Cafés und Bars. Besonders beliebt sind das große, clubartige *BED (Esplanade Waterfront)* – am Wochenende mit guten Livebands von den Philippinen – und das benachbarte irische Pub *The Shamrock*.

ÜBERNACHTEN

INSIDER TIPP HOTEL EDEN 54

Freundliches, modernes Hotel mit gut ausgestatteten, kleinen Zimmern (die billigen ohne Fenster) und gemütlichem Aufenthaltsraum. *31 Zi. | 54, Jalan Gaya | Tel. 088 26 60 54 | www.eden54.com* | €€

JESSELTON

Das älteste Hotel Sabahs wurde 1954 eröffnet und hat sich seither sein koloniales Ambiente bewahrt. *32 Zi. | 69, Jalan Gaya | Tel. 088 22 33 33 | www.jesseltonhotel.com* | €€–€€€

SHANGRI-LA'S TANJUNG ARU RESORT

Das exzellente Fünf-Sterne-Hotel liegt am gleichnamigen Strand. Mit Garten, Pool und Sportmöglichkeiten. *492 Zi. | Jalan Pantai Aru | Tel. 088 32 78 88 | www.shangri-la.com* | €€€

HOTEL SIXTY3

Das moderne Stadthotel punktet mit seinen komfortabel eingerichteten Zim-

MARCO POLO HIGHLIGHTS

★ **Tamu (Wochenmarkt)**
Die Gemischtwarenmärkte in Tuaran, Kota Belud, Tamparuli und Kudat sind voller Düfte, Farben und Menschen → S. 90

★ **Gipfelbesteigung**
Besteigen Sie den Mount Kinabalu, den mit 4095 m höchsten Berggipfel in ganz Südostasien → S. 91

★ **Pulau Sipadan**
In den Korallenriffen vor der Insel liegt eins der schönsten Tauchgebiete der Welt → S. 94

★ **Sepilok Orang Utan Rehabilitation Centre**
Hier erlernen Orang-Utan-Waisen alles Wissenswerte für ein zukünftig selbstbestimmtes Affenleben → S. 95

mern und der zentralen Lage. *100 Zi. | 63, Jalan Gaya | Tel. 088 2126 63 | www.hotelsixty3.com |* €€–€€€

AUSKUNFT

SABAH TOURISM BOARD

Im Büro im alten Postamt versorgen kompetente Mitarbeiter Sie mit sehr guten Informationen. *Mo–Fr 8–17, Sa/So 9–16 Uhr | 51, Jalan Gaya | Tel. 088 212121 | www.sabahtourism.com*
Zimmerreservierung in den Nationalparks: *Sutera Sanctuary Lodges | Wisma Sabah | Tel. 088 30 89 14 | www.fb.com/suterasanctuary*

ZIELE IN DER UMGEBUNG

PADAS-SCHLUCHT

(134–135 C–D3) *(M3–4)*

Zwischen der kleinen, alten Stadt Beaufort und der abgelegenen Siedlung Tenom fließt der Padas River durch eine Schlucht. Durch diese führt eine *Schmalspurbahn*, die allerdings in der Regenzeit häufig durch Erdrutsche blockiert ist. Ansonsten fährt einmal täglich ein Zug. Alternative: eine *Wildwassertour* (Anbieter S. 89).

RAFFLESIA FOREST RESERVE

(135 D2) *(M3)*

Nur wenige Straßen führen über den steilen Gebirgszug der Crocker Range, die zum Teil unter Naturschutz steht. Hier wächst die *Rafflesia*, die größte Blüte der Welt. An der Straße von Kota Kinabalu nach Tambunan *(60 km)* weiß das *Information Centre (Eintritt RM 20)*, ob und wo die Blume blüht, die hier bis zu 60 cm Durchmesser erreicht. *Mo–Sa 8–15 Uhr | Tour mit Ranger RM 100, max. 5 Personen*

TAMU (WOCHENMARKT) ★

Auf diesen bunten Wochenmärkten kauften und verkauften früher die Bewohner abgelegener Dörfer ihre Waren. Mittlerweile haben sie zwar an Bedeutung verloren, sind aber immer noch eine Institution und ein Highlight für Fotografen. Gern besucht wird der große sonntägliche Wochenmarkt in *Kota Belud* (135 D2) *(M3)*, 70 km nördlich von Kota Kinabalu.

TUARAN (135 D2) *(M3)*

Auf der Fahrt in das Industrie- und Verwaltungszentrum nördlich der Hauptstadt ist nicht zu erahnen, dass an der Küste kilometerlange, INSIDER TIPP kaum erschlossene Sandstrände mit weitläufigen Luxusresorts liegen, z. B. das *Shangri-La's Rasa Ria Resort (420 Zi. | Pantai Dalit | Tel. 088 79 78 88 | www.shangri-la.com |* €€€*)*.

TUNKU ABDUL RAHMAN PARK

(135 D2) *(M3)*

Der Nationalpark umfasst die fünf Inseln Gaya, Sapi, Manukan, Mamutik und Sulug. Von Kota Kinabalu aus erreichen Sie die Inseln mit dem Boot *(RM 40–70)*. Mit ihren Waldbeständen, den weißen Sandstränden und einer intakten Unterwasserwelt laden sie zum Schnorcheln, Tauchen, Kajakfahren und Jungletrekking ein.
Auf *Gaya* informiert eine Ausstellung im *Marine Ecology Research Centre (www.merc-gayana.com)* über die Bedeutung der Korallenriffe. Am Badestrand *Police Beach* in der Bulijong Bay liegt das wunderschöne *Bunga Raya Island Resort (48 Chalets | bungarayaresort.com |* €€€*)* und an der Kota Kinabalu zugewandten Küste teils auf Stelzen im Meer das *Gayana Eco Resort (44 Chalets | Tel. 088 38 03 90 | www.gayana-eco-resort.com |* €€€*)*. Von Gaya aus können Sie bei Ebbe zur Nachbarinsel *Sapi* laufen oder Sie gleiten mit der Zipline übers Meer *(www.coralflyer.com)*. *Sulug* mit ihren

schönen Korallenriffen ist die am wenigsten, *Manukan* mit der Hauptverwaltung des Parks die am meisten besuchte Insel. Auf *Mamutik*, der kleinsten Insel, betreibt *Borneo Divers* (s. S. 89) eine Tauchbasis.

MOUNT KINABALU

(135 D2) (*M3*) **Den Kadazan ist Mount Kinabalu als Sitz der Seelen der Ahnen heilig.**

Der Aufstieg zum Gipfel *Low's Peak* auf 4095 m dauert zwei Tage hin und zurück und muss frühzeitig organisiert werden. Lohn ist die faszinierende Flora und Fauna der Bergwelt und das unvergessliche Erlebnis des Sonnenaufgangs auf dem Gipfel.

Zahlreiche Pflanzen im *Kinabalu National Park* sind endemisch, es gibt sie nirgendwo sonst auf der Welt. Alle Busse, die von Kota Kinabalu nach Ranau und Sandakan fahren, halten am Parkeingang *(87 km, 2 Std. | RM 20)*. Weitere Informationen unter *www.mountkinabalu.com.*

SEHENSWERTES

AM NATIONALPARK-HEADQUARTER

Hinter dem Eingang *(Eintritt RM 15)* erfolgt im Headquarter die Registrierung für die Gipfelbesteigung. Die *Natural History Gallery (tgl. 9–16 Uhr | Eintritt RM 3)* präsentiert das Ökosystem der Regenwälder. Durch den *Botanical Garden (tgl. 9–13 u. 14.30–16, einstündige englischsprachige Führung 9, 12 u. 15 Uhr | Eintritt RM 5)* mit vielen Orchideen und Kannenpflanzen verläuft ein Waldlehrpfad. Die umliegenden Bergwälder durchziehen markierte Pfade.

GIPFELBESTEIGUNG ★

Für den zweitägigen Aufstieg *(8,7 km ab der Power Station)* sind warme Kleidung, Stirnlampe und Handschuhe (in Kota Kinabalu erhältlich) erforderlich. Die Wan-

Der Weg ist das Ziel: Wanderer beim Gipfelsturm am Mount Kinabalu

derzeit nach *Laban Rata*, wo übernachtet wird, beträgt vier bis fünf, der Aufstieg zum Gipfel zwei bis drei Stunden. Nach dem *Carson-Wasserfall* führt der Pfad durch einen märchenhaft knorrigen Nebelwald. Der Gipfelaufstieg beginnt um drei Uhr morgens. Am Berg montierte Seile helfen, den Weg durch die Dunkelheit zu finden.

ESSEN & TRINKEN

Das Parkzentrum hat ein Buffet-Restaurant und eine Cafeteria (€€). Auch in Laban Rata werden (überteuerte) Getränke und einfache Gerichte verkauft.

Wackliger Baumkronentrip: Hängebrücke im Danum Valley

ÜBERNACHTEN

Übernachtungen müssen Sie bei *Sutera Sanctuary Lodges (Tel. 088 30 89 14 | www.fb.com/suterasanctuary)* im Vorhinein buchen und bezahlen. Sie sollten unbedingt frühzeitig reservieren! Wer nichts bekommt, kann es noch kurzfristig oder über eine Reiseagentur versuchen. Im *Parkzentrum* gibt es Chalets für zwei bis acht Personen *(28 Zi. | €€€)* und Schlafsäle *(RM 310 pro Bett, auf dem Berg ab RM 509)*. Alternativ wohnen Sie ruhig und deutlich günstiger im *Ayana Holiday Resort (17 Zi. | 1,5 km westlich vom Parkeingang | Tel. 014 6 63 66 36 | www.ayanaholidayresort.com | €–€€)*.

ZIELE IN DER UMGEBUNG

INSIDER TIPP **PORING HOT SPRINGS** (135 D2) *(M3)*

Entspannen Sie in den heißen, schwefelhaltigen Bädern *(43 km vom Parkzentrum | Eintritt in den Nationalpark RM 15, in den Pool neben den Quellen RM 3 | Bus bis Ranau, dann Taxi)*. Auf dem *Canopy Walkway (tgl. 9–16 Uhr | Eintritt RM 5)* erkunden Sie die Baumkronen des Regenwalds. Markierte Wanderwege führen zu Wasserfällen, Höhlen, zum *Orchideengarten (tgl. 9–16 Uhr | Eintritt RM 10)* und zur *Schmetterlingsfarm (Di–So 9–16 Uhr | Eintritt RM 4)*.

SABAH TEA GARDEN (135 D2) *(M3)*

Die einzige Teeplantage in Sabah, 17 km östlich von Ranau gelegen, ist für Besucher geöffnet, die vor Ort in einem Restaurant (€) essen, in Cottages (€€€) oder einem Rungus-Langhaus (€€) übernachten und an einer Tour *(45 Min. | RM 14)* teilnehmen können.

SANDAKAN

(135 E2) (🕮 N3) **Auf einem schmalen Landstreifen zwischen Sulusee und den umliegenden Hügeln zieht sich Sandakan (479 000 Ew.) in die Länge.**

Die über Jahrhunderte gewachsene Stadt wurde während des Zweiten Weltkriegs von Bomben der Alliierten zerstört. Nur wenige alte Gebäude blieben erhalten. Sie liegen auf dem *Sandakan Heritage Trail*, so etwa die neogotische *St. Michael's Church*, die älteste Kirche in Sabah. Im hübschen, restaurierten *Agnes Keith House (tgl. 9–16.45 Uhr | Rotary Observatory | Eintritt RM 15)*, in dem die amerikanische Schriftstellerin bis 1942 lebte, bietet eine Ausstellung einen Einblick in ihr Leben.

Östlich vom Zentrum lebt die muslimische Gemeinde im Wasserdorf *Kampung Bule Sim Sim*. Hier steht auch die *Sandakan Moschee*. Wer ein Taxi *(RM 15)* zum chinesischen *Puu-Jih-Shih-Tempel* nimmt, kann die Bucht von Sandakan überblicken. Flugverbindungen bestehen mit Kota Kinabalu, Kuala Lumpur, Kudat und Tawau. Die Busfahrt nach Kota Kinabalu dauert sechs bis sieben, zum Kinabalu National Park vier bis fünf Stunden.

ESSEN & TRINKEN

ENGLISH TEA HOUSE

Im Kolonialstil hergerichtetes altes Haus mit gepflegtem Garten und Terrasse für eine gepflegte Mittagspause. *Tgl. 10–21 Uhr | neben dem Agnes Keith House | Tel. 089 22 25 45 | www.englishteahouse.org* | €€–€€€

INSIDER TIPP SIM-SIM SEAFOOD RESTAURANT

Direkt am Meer bekommen Sie hervorragende und günstige einheimische Seafood-Gerichte. *Tgl. 7.30–15 u. 17.30–21.30 Uhr | im Wasserdorf Sim Sim | Tel. 012 8 16 36 33* | €–€€

ÜBERNACHTEN

FOUR POINTS BY SHERATON

Der gigantische Neubau dominiert die Bucht und beherbergt sehr komfortable, modern-schlichte Zimmer. *299 Zi. | Sandakan Harbour Square | Tel. 089 24 48 88 | fourpoints.com/sandakan* | €€–€€€

INSIDER TIPP MAY FAIR HOTEL

Neben dem sehr guten Preis-Leistungs-Verhältnis ist es die gigantische DVD-Sammlung des Englisch sprechenden Besitzers, die das kleine Hotel heraushebt. Der große Flachbildschirm mit DVD-Player, bequeme Betten und lärmisolierte Fenster sorgen für gute Unterhaltung und eine geruhsame Nacht. *12 Zi. | 24, Jalan Pryer | Tel. 089 21 98 92* | €

SABAH HOTEL SANDAKAN

Das komfortable Vier-Sterne-Hotel aus den 1980er-Jahren bietet neben angenehmen Zimmern einen großen Pool inmitten der tollen Gartenanlage. *116 Zi. | Jalan Utara | Tel. 089 21 32 99 | www.sabahhotel.com.my* | €€–€€€

ZIELE IN DER UMGEBUNG

INSIDER TIPP DANUM VALLEY

(135 E3) (🕮 N4)

Als die Sabah Foundation die Holzkonzession für ein gewaltiges Dschungelgebiet erhielt, musste sie ein artenreiches Areal von knapp fünf Prozent der Gesamtfläche für Forschungszwecke zur Verfügung stellen. Das Interesse von Touristen führte zum Bau der luxuriösen *Borneo Rainforest Lodge (32 Chalets | Tel. 089 88 02 07 | www.borneonaturetours.com | €€€)*. Rechtzeitig reservieren! Im Preis für zwei

Übernachtungen sind der Transport ab Lahad Datu *(97 km)*, vier hervorragende Mahlzeiten pro Tag und geführte Touren inbegriffen. Auch das Forschungszentrum kann besucht werden. Die Chance, bei Nachtwanderungen und -fahrten wilde Tiere zu sehen, ist groß. Nach Lahad Datu gibt es Flüge ab Kota Kinabalu sowie Busse ab Sandakan und Tawau.

GOMANTONG CAVE (135 E3) *(N3)*

Tausende von Salanganen nisten in den Kalksteinhöhlen südlich der Stichstraße nach Sukau. Vogelnestsammler klettern Leitern und Stangen hoch *(Saison Feb.–März u. Juni–Juli)*, um die Nester zu ernten. Die Höhlen sind nicht mit öffentlichen Verkehrsmitteln zu erreichen. Stirnlampe mitnehmen! *Sa–Do 8–13 u. 14–18, Fr 8–11.30 u. 14–18 Uhr | Eintritt RM 30*

KINABATANGAN RIVER

(135 D–F 2–3) *(N–O 3–4)*

Mit 560 km ist der Kinabatangan der längste Fluss von Sabah. Ein Teil des tropischen Dschungels an seinem Unterlauf wurde als Lebensraum der INSIDER TIPP seltenen Nasenaffen, die nur in den Tieflandwäldern von Borneo leben, unter Schutz gestellt. Die beste Chance, die Tiere zu sehen, besteht bei einer Bootsfahrt in der Morgen- oder Abenddämmerung *(Infos und Buchung über die Lodges)*. Bei Bootssafaris können Sie auch Makaken, Nashornvögel, Elefanten und Krokodile entdecken.

Die meisten Lodges liegen am Fluss nahe Sukau, 130 km von Sandakan entfernt, oder flussaufwärts bei Bilit. Sie organisieren für Sie auch die Anreise ab Sandakan: Nahe dem Dorf liegt das einfache *Sukau Greenview (20 Zi. | nördlich des Dorfes | Tel. 089 212912 | www.sukaugreenview.net | €)*. Mehr Komfort bieten die *Sukau Rainforest Lodge (20 Zi. | Buchungen über Borneo Eco Tours, S. 89 | €€€)* und das *Kinabatangan Wetlands Resort (10 Zi. | im Mündungsgebiet | Tel. 089 666196 | kwrborneo.com | €€€)*.

LOW BUDG€T

Wer weder Zeit noch das Budget hat, in den Dschungel zu fahren, kann nur 15 km südlich von Kota Kinabalu im *Lok Kawi Wildlife Park* Tiere beobachten. *Tgl. 9.30–17.30 Uhr | Eintritt RM 20, Taxi RM 60 hin und zurück*

Alternativen zu den teuren Parkunterkünften im Kinabalu National Park befinden sich an der Hauptstraße, darunter *J. Residence (10 Zi. | 300 m westlich vom Eingang | Tel. 012 8696969 | www.jresidence.com | €€)*.

PULAU SIPADAN ★

(135 F4) *(O4)*

Vor der Insel Sipadan im Südosten, rund 40 km vom Küstenort Semporna entfernt, fallen üppig bevölkerte Korallenriffe steil ins Meer ab. Das Gebiet zählt zu den schönsten Tauchgebieten der Welt (international anerkannter Tauchausweis nötig). Zum Schutz der Umwelt dürfen Besucher nicht auf der Insel übernachten, auch die Anzahl der Taucher ist begrenzt. Daher wird bei einem mehrtägigen Aufenthalt meist an anderen Plätzen ins Wasser gestiegen, etwa auf *Mabul* und *Kapalai*, die ebenfalls schöne, aber nicht ganz so spektakuläre Riffe haben. Dort gibt es auch Tauchbasen mit teils komfortablen Unterkünften, auf der kleinen Insel Mabul die Basis von *Borneo Divers (3 Nächte inkl. Tauchen ab US$ 700 | Kontakt s. S. 89)*. Günstiger sind die Schlaf-

Eines der schönsten Tauchreviere der Welt: Pulau Sipadan

saalbetten im *Mabul Beach Resort (Block B, Lot 36, SSRT | Tel. 089 78 53 72 | www.scuba-junkie.com | €–€€)* von Scuba Junkies. Die schönste Anlage steht auf dem Korallenriff Kapalai mitten im Meer: *Sipadan-Kapalai Dive Resort (3 Nächte inkl. Tauchen ab US$ 800 | Buchungen in Tawau: 484 Block P, Sabindo Complex | Tel. 089 76 52 00 | www.sipadan-kapalai.com).*

SEPILOK ORANG UTAN REHABILITATION CENTRE ★ ● (135 E2) (*N3*)

Im Rehabilitationszentrum, 26 km westlich von Sandakan, werden konfiszierte Orang-Utans auf ein Leben in der Wildnis vorbereitet. Besucher können sich in einer Ausstellung und durch einen Film über die Tiere sowie die Aufgabe des Zentrums informieren. Zudem haben sie die einmalige Gelegenheit, die sanften Menschenaffen aus nächster Nähe beim Essen zu beobachten. Mit etwas Glück werden sie sie sogar beim Spaziergang in den Baumwipfeln entdecken, wo sie sich ihre Nester bauen. Fütterungszeiten sind um 10 und 15 Uhr. Übernachten können Sie im *Sepilok Nature Resort (20 Zi. | Tel. 089 53 50 01 | www.sepilok.com | €€–€€€)* oder im *Sepilok Forest Edge Resort (9 Zi., 4 Schlafsäle | Tel. 089 53 31 90 | www.sepilokforestedgeresort.com | €–€€€).* Busse von Sandakan halten an der Abzweigung, 3 km vor dem Zentrum, deshalb nehmen Sie besser ein Taxi für RM 50. *Sa–Do 9–12 (Fr bis 11) und 14–16 Uhr | Eintritt RM 30, Kamera RM 10*

TURTLE ISLANDS (135 E2) (*N3*)

Der Schildkröten-Naturpark liegt 40 km nördlich von Sandakan und besteht aus drei kleinen Inseln, die zu den wichtigsten Brutstätten der Karett- und Suppenschildkröte zählen. Beobachtungen sind immer möglich, die beste Zeit ist von Juli bis Oktober. Fahrten zur Insel *(1 Std.)* inklusive Übernachtung und Verpflegung veranstaltet *Crystal Quest (frühzeitig buchen! | Sabah Parks Jetty | Jalan Buli Sim Sim | RM 735 für 2 Pers. | Tel. 089 21 27 11).*

ERLEBNISTOUREN

1 MALAYSIA PERFEKT IM ÜBERBLICK

START: 1 Kuala Lumpur
ZIEL: 1 Kuala Lumpur

Strecke:
6064 km

25 Tage
reine Fahrzeit
ca. 38 Stunden; Flugzeit
ca. 7 Stunden

KOSTEN: ca. 3400 Euro für 2 Personen (Übernachtungen, Verpflegung, Mietwagen, Benzin, Inlandsflüge, Eintritte, Ausflüge und Aktivitäten)

MITNEHMEN: Smartphone mit GPS zur Navigation, Wanderschuhe, Badesachen, Sonnen- und Mückenschutz

ACHTUNG: Übernachtung im beliebten French Hotel in 3 Ipoh frühzeitig buchen

Jeder Zipfel dieser Erde hat seine eigene Schönheit. Wenn Sie Lust haben, die einzigartigen Besonderheiten dieser Region zu entdecken, wenn Sie tolle Tipps für lohnende Stopps, atemberaubende Orte, ausgewählte Restaurants oder typische Aktivitäten bekommen wollen, dann sind diese maßgeschneiderten Erlebnistouren genau das Richtige für Sie. Machen Sie sich auf den Weg und folgen Sie den Spuren der MARCO POLO Autoren – ganz bequem und mit der digitalen Routenführung, die Sie sich über den QR-Code auf S. 2/3 oder die URL in der Fußzeile zu jeder Tour downloaden können.

Von der pulsierenden Hauptstadt Kuala Lumpur aus erkunden Sie angenehm kühles Hochland und reizvolle Städte voller Geschichte(n). Sie entspannen an feinen Sandstränden, und auf einem Abstecher in den Ostteil warten auf der Insel Borneo einmalige Naturattraktionen.

In der modernen Hauptstadt ① **Kuala Lumpur → S. 41** verschaffen Sie sich zuerst vom **Kuala Lumpur Tower → S. 43** einen Überblick und tauchen im benachbarten INSIDER TIPP **KL Forest Eco Park** *(tgl. 7–19 Uhr, Führungen um 10, 12, 14 und 16 Uhr | Eintritt frei, Tickets am KL*

TAG 1–2
① Kuala Lumpur
217 km

Tower) in den Regenwald ein. Das landestypische kulturelle Potpourri umgibt Sie in der geschäftigen **Chinatown**. Nach dem abendlichen Besuch der Restaurants und Bars der **Changkat Bukit Bintang** und **Jalan Alor → S. 45** übernachten Sie im **Swiss-Garden Hotel → S. 47**. Am zweiten Tag erkunden Sie das **historische Zentrum → S. 42** und besuchen das **Islamic Arts Museum → S. 43**, im **Coliseum Cafe → S. 45** erwartet Sie zum Dinner koloniales Flair.

TAG 3–4
❷ Tanah Rata
88 km

Am Morgen des dritten Tages geht es im Mietwagen in drei Stunden nach ❷ Tanah Rata in den **Cameron Highlands → S. 47**. Bei zwei Übernachtungen im ruhigen **Arundina → S. 48** bleibt Zeit zum Wandern und Besichtigen der Teeplantagen. Abends INSIDER TIPP flanieren Sie die Hauptstraße Jalan Besar entlang und essen in einem der beliebten indischen Restaurants.

TAG 5
❸ Ipoh
157 km

Nach zwei Stunden Fahrt besichtigen Sie in der ehemaligen Zinnmetropole **❸ Ipoh → S. 38** koloniale Verwaltungsbauten, genießen frische Meeresfrüchte im **Oversea Restaurant** und übernachten im **French Hotel**.

TAG 6
❹ Georgetown

Von Ipoh sind es rund drei Stunden auf dem Hwy. 1 bis ❹ Georgetown → S. 32. Bei **Streifzügen durch die Altstadt** lassen Sie sich von chinesischen Clanhäusern faszinieren. Sie verbringen die Nacht im idyllischen **Noordin Mews → S. 38** und machen im **Red Garden Food Paradise → S. 36** kulinarische Entdeckungen.

Setzen Sie mit der Fähre nach Butterworth über, und fahren Sie in 90 Minuten bis Kuala Kedah, von wo Personenfähren nach ❺ **Pulau Langkawi** → **S. 54** ablegen. Gönnen Sie sich eine Pause am feinen Strand von **Pantai Cenang**, bevor Sie mit dem **Langkawi Cable Car** → **S. 55** über Dschungelberge schweben. Eine luxuriöse Bleibe finden Sie im **Meritus Pelangi Beach Resort** → **S. 57**, exzellentes Essen nebenan im **La Sal at Casa Del Mar** → **S. 55**. Für den zweiten Tag buchen Sie bei **Tropical Charters** → **S. 57** einen romantischen Segeltörn, der Tag klingt im Restaurant **Orkid Ria Seafood** → **S. 56** aus.

Zurück auf dem Festland, geht es von Kuala Kedah in sechs Stunden an die Ostküste nach Kuala Besut. Hier startet das Boot zur Tropeninsel ❻ **Perhentian Besar** → **S. 62**, wo Sie im **Coral View Island Resort** für drei naturnahe Nächte einchecken. Am nächsten Morgen besuchen Sie **per Boot** ❼ **Perhentian Kecil** → **S. 62**, die kleinere Nachbarinsel, für Ihren eintägigen (deutschsprachigen) Schnuppertauchkurs bei **Turtle Bay Divers** *(Tel. 01 99 06 24 75 | www.fb.com/turtlebaydivers93)*. Essen Sie wieder in einem der Strandrestaurants in der Nähe Ihres Hotels zu Abend. Den zweiten Tag faulenzen Sie auf Perhentian Besar.

Nach drei Stunden Fahrt von Kuala Besut erwartet Sie ❽ **Kuala Terengganu** → **S. 63**: Sie besichtigen das riesige **Nationalmuseum**, die hübsche Chinatown und die

TAG 7–8

172 km

❺ Pulau Langkawi

TAG 9–11

542 km

❻ Perhentian Besar

3 km

❼ Perhentian Kecil

141 km

TAG 12

❽ Kuala Terengganu

459 km

Ganz unbeschwert: im Sepilok Orang Utan Rehabilitation Centre

gläserne **Crystal Mosque**, probieren frische Meeresfrüchte im authentisch-einfachen **Golden Dragon → S. 63** und entspannen am Abend im **Primula Beach Hotel → S. 65**.

In fünf Fahrstunden geht es die Ostküste hinunter und ins Landesinnere. Kurz vor Temerloh zweigen Sie ab nach Kuala Tahan, dem Tor zum ⑨ **Taman Negara National Park → S. 70** mit seinem spektakulären **Canopy Walkway**. **In der Nähe des Parkeingangs** essen und übernachten Sie im **Han Rainforest Resort**. Am nächsten Tag wandern Sie zum Aussichtspunkt am **Bukit Teresek → S. 70**.

TAG 13–14
⑨ Taman Negara National Park

390 km

TAG 15–16
⑩ Melaka

1120 km

TAG 17–19
⑪ Kuching

41 km

⑫ Bako Nat. Park

65 km

⑬ Sarawak Cultural Village

614 km

TAG 20–21
⑭ Gunung Mulu National Park

TAG 22–23

348 km

⑮ Mt. Kinabalu Nat. Park

Die fünfstündige Fahrt gen Süden endet in der ehemaligen Handelsmetropole ⑩ **Melaka → S. 50**. Erkunden Sie noch am selben Tag die historische **Altstadt**. Nach dem Abendessen im **Hoe Kee Chicken Rice → S. 52** und der ersten von zwei Nächten im **Courtyard @ Heeren → S. 53** starten Sie zu einer **Bootsfahrt** auf dem Melaka-Fluss und wechseln dann den Blickwinkel auf dem Panoramaturm **Menara Taming Sari**. Abends essen Sie im **Amy Heritage Nyonya Cuisine → S. 52**.

Vom Flughafen von Kuala Lumpur → S. 41 (90 Min.) startet Ihr **Flieger nach Sarawak** ins entspannte, multikulturelle ⑪ **Kuching → S. 73**. Stöbern Sie in kleinen Läden nach Kunsthandwerk, und genießen Sie im **Top Spot Seafood Centre → S. 77** frische Meeresfrüchte und am Abend im **The.Dyak → S. 76** lokale Spezialitäten. Sie verbringen die erste von drei Nächten im erstklassigen **Pullman Kuching → S. 78** und starten am nächsten Morgen in den ⑫ **Bako National Park → S. 78**. Ein weiterer Tag ist für das ⑬ **Sarawak Cultural Village → S. 79** reserviert.

Per Flugzeug geht es dann von Kuching in den ⑭ **Gunung Mulu National Park → S. 82** mit seinen weltweit einmaligen Höhlensystemen. Luxuriös nächtigen und speisen Sie mitten im Dschungel im **Mulu Marriott Resort & Spa → S. 83**.

Ein weiterer Flug bringt Sie nach Kota Kinabalu und von dort der Bus in zwei Stunden in den ⑮ **Mount Kinabalu**

National Park → S. 91. In den Wäldern am Fuß des höchsten Berges Malaysias können Sie wunderbar wandern. Sie wohnen 300 m westlich vom Parkeingang im sympathischen **J. Residence** *(11 Zi. | Tel. 01 28 69 69 69 | www.jresidence.com | €€)* und essen im einfachen **Restaurant direkt gegenüber dem Parkeingang.**

TAG 24–25

258 km

Zum Abschluss nehmen Sie die **vierstündige Busfahrt nach Sandakan → S. 93** in Kauf, um von dort **nach Sepilok zu starten** und im informativen ⑯ **Orang Utan Rehabilitation Centre → S. 95** Menschenaffen aus nächster Nähe zu bestaunen, im ⑰ INSIDER TIPP **Rainforest Discovery Centre** *(tgl. 8–17 Uhr | Eintritt RM 15)* mehr über die fragile Flora und Fauna zu erfahren und durch das Dschungelgebiet zu wandern.

Nach einem stilvollen Dinner im ⑱ **English Tea House → S. 93** und einer letzten Übernachtung im ⑲ **Sabah Hotel Sandakan → S. 93** geht es vom Jalan Airport zurück nach ① **Kuala Lumpur**.

⑯ Orang Utan Rehabilitation Centre

2 km

⑰ Rainforest Discovery Centre

25 km

⑱ English Tea House

2 km

⑲ Sabah Hotel Sandakan

1920 km

① Kuala Lumpur

2 EIN BESUCH AUF PENANG

START: ① The Mugshot Cafe
ZIEL: ⑧ Edelweiss Café

10 Stunden
reine Fahrzeit 3,5 Stunden

Strecke:
70 km

KOSTEN: ca. 80 Euro für 2 Personen (Verpflegung, Bustickets und Eintritte)

MITNEHMEN: Smartphone mit GPS zur Navigation, Wanderschuhe, Sonnen- und Mückenschutz

ACHTUNG: Sagen Sie den Busfahrern beim Einsteigen, wo Sie aussteigen möchten. Auf dem Rückweg pünktlich sein: Vor ⑤ Entopia fährt der Bus nur alle zwei Stunden ab!

Der abwechslungsreiche Tagesausflug führt Sie von Georgetown entlang der Küste nach Norden und ins Inselinnere. Sie entdecken buddhistische Tempel, exotische Pflanzen und Schmetterlinge und lernen die ländliche Seite der Insel kennen.

08:00 In **Georgetown → S. 32** beginnen Sie den Tag im ① INSIDER TIPP **The Mugshot Cafe** *(tgl. 8–24 Uhr | 302, Lebuh Chulia | www.fb.com/themugshotcafepenang)* mit leckeren Bagels und exzellentem Kaffee. **Am Komtar-**

① The Mugshot Cafe

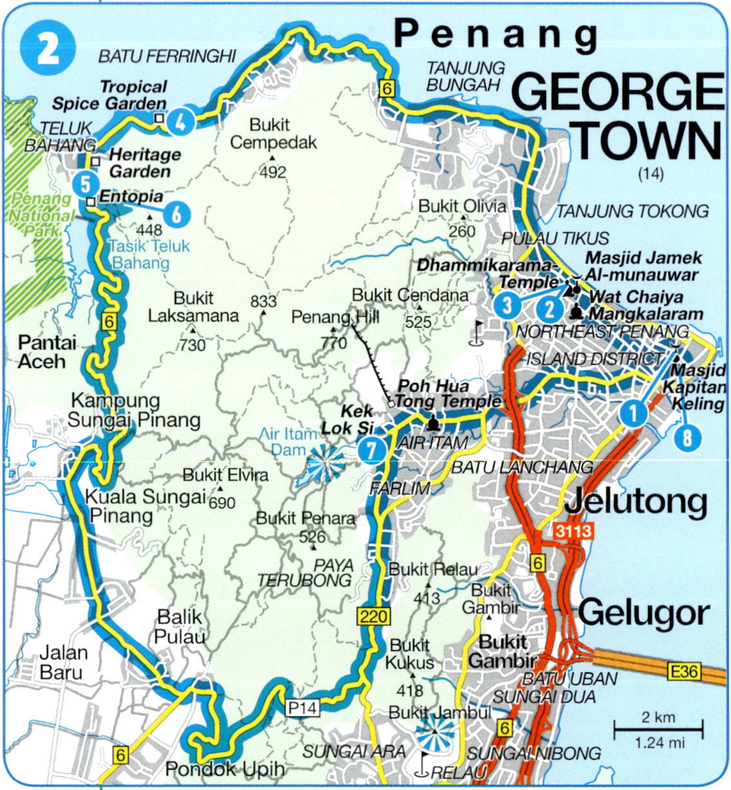

5 km

❷ Wat Chaiya Mangkalaram

30 m

❸ Dhammikarama-Tempel

15 km

❹ Tropical Spice Garden

3 km

Hochhaus (10 Min. zu Fuß) steigen Sie in den Bus (101, 102, 103 od. 104), der zu den buddhistischen Tempeln in der Lorong Burma fährt. Der thailändische ❷ **Wat Chaiya Mangkalaram** beeindruckt mit einer riesigen, ruhenden Buddhastatue, der burmesische ❸ **Dhammikarama-Tempel** gegenüber mit tollen Holzschnitzereien.

10:30 **Weiter geht es mit dem Bus (101 od. 102) zum** ❹ INSIDER TIPP **Tropical Spice Garden** *(tgl. 9–18 Uhr | Eintritt RM 28, guter Audioguide (deutsch) 5–10 RM | Tel. 04 8 81 17 97 | www.tropicalspicegarden.com)*, wo Sie viel über die mehr als 500 einheimischen Kräuter, Gewürze und Pflanzen erfahren. Im angeschlossenen **Tree Monkey Restaurant** *(€€)* genießen Sie beim Mittagessen die herrliche Aussicht.

13:00 **In wenigen Minuten geht es zur Endstation in Teluk Bahang (Bus 101 od. 102). Von dort sind es 10 bis 15 Min. zu Fuß hinauf nach** ❺ **Entopia** *(tgl. 9–18 Uhr | Eintritt RM 27 | Tel. 04 8 8111 06 | www.entopia.com)*, wo im Freigehege farbenprächtige Schmetterlinge auf Ihrem Arm landen. Auf dem 880 m langen **Monkey Cup Trail** im angrenzenden ❻ **Teluk Bahang Forest Park** *(tgl. 7–19 Uhr | Eintritt frei)* kommt dann echtes Dschungel-Feeling auf. Gegen 15.30 Uhr **fährt der Bus 501 von der Haltestelle vor Entopia über eine** schmale, kurvenreiche Bergstraße ins chinesisch geprägte **Balik Pulau, wo Sie in den Bus 502 nach Air Itam** umsteigen: zur imposanten buddhistischen Tempelanlage von ❼ **Kek Lok Si** → S. 34 mit ihrer mehr als 30 m hohen Götterstatue. Wenn der Kek Lok Si seine Pforten schließt, also gegen 18 Uhr, **bringt Sie der Bus (201, 203 od. 204) wieder zurück nach Georgetown**, wo Sie im ❽ **Edelweiss Café** → S. 36 mit einem kühlen Bier auf den erlebnisreichen Tag anstoßen.

3 INS LAND DER MALAIEN

START: ❶ **Restoran Foh San** **ZIEL:** ❼ **Kota Bharu**	**2 Tage** reine Fahrzeit 5,5 Stunden
Strecke: ➡ **370 km**	

KOSTEN: ca. 400 Euro für 2 Personen (Übernachtungen, Verpflegung, Mietwagen, Benzin, Eintritte, Ausflüge und Aktivitäten)
MITNEHMEN: Smartphone mit GPS zur Navigation, Badesachen, Sonnen- und Mückenschutz

ACHTUNG: Das Permit *(RM 20)* für den ❺ **Royal Belum State Park** *(www.royalbelum.my)* muss mindestens drei Tage im Voraus beantragt werden. Die Formulare finden Sie auf der Website. Abholung in Gerik im **Nationalparkbüro** *(Sa–Do 8–13 und 14–17 Uhr, Fr 8–12.15 u. 14.45–17 Uhr | JKR 341 | Jalan Sultan Abdul Aziz 999 | Kompleks Pejabat Kerajaan Negeri Daerah Hulu Perak | Tel. 05 7 91 45 43)*. Die **Bootstour** im Royal Belum State Park ist bei den Bootsleuten wesentlich günstiger als im Resort; Mittagessen mitnehmen. Die abendlichen Vorführungen in ❼ **Kota Bharu** sind nur Mi und Sa zu sehen.

Bei einer Tour quer über die Halbinsel bis ins Kernland der Malaien an der Ostküste lernen Sie ein etwas anderes Malaysia kennen: abgelegene Dörfer, bahnbrechende archäologische Funde, schöne Seen und unberührte Natur.

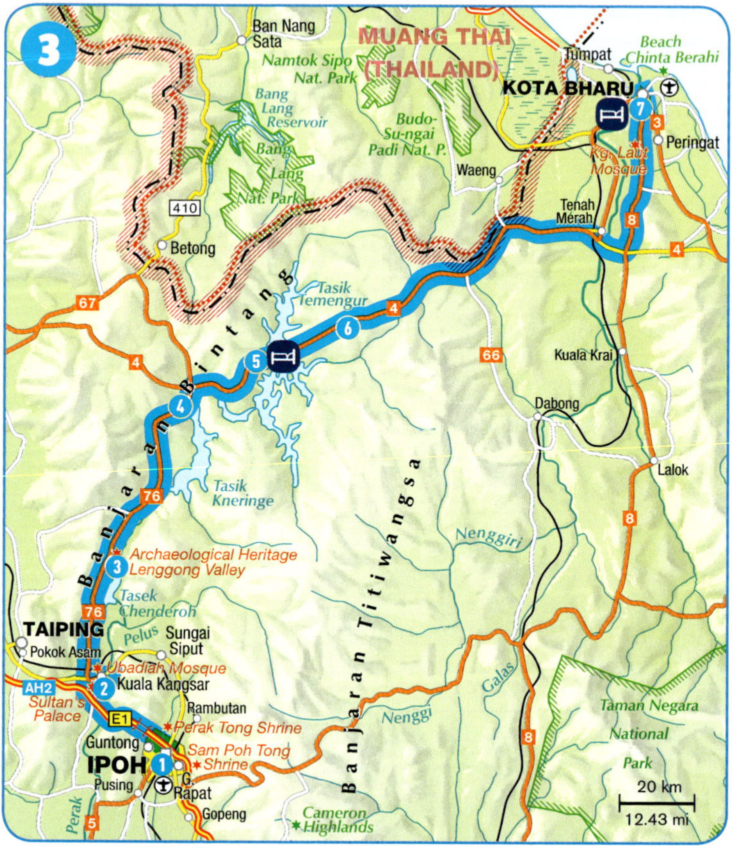

TAG 1

1 Restoran Foh San

42 km

2 Kuala Kangsar

45 km

Nach einem chinesischen Frühstück im **1 Restoran Foh San** → **S. 39** geht es **von Ipoh auf dem Hwy. 1** zur 1913 im maurischen Stil errichteten **Ubudiah-Moschee** *(tgl. 9–12, 15–16 und 17.30–18 Uhr)*. Sie liegt **etwa 1 km südöstlich des Zentrums** des beschaulichen Ortes **2 Kuala Kangsar**. Den nahen **Sultanspalast Istana Iskandariah** können Sie leider nur von außen besichtigen.

4 km westlich von Kuala Kangsar zweigt die Straße 76 gen Norden ab. Dieser folgen Sie für 34 km durch die Bergwelt. Wenige Kilometer vor der Ortschaft Lenggong, hinter der Brücke über den Stausee Tasik Raban, biegen Sie rechts ab und folgen der alten Straße. Nach

weiteren 3 km erreichen Sie das ❸ **Lenggong Archaeological Museum** *(Mo–Do u. Sa/So 9–17, Fr 9–12.15 u. 14.45–17 Uhr | Eintritt frei | www.jmm.gov.my)*. In dieser Region wurden die mit 11 000 Jahren ältesten menschlichen Knochen und Werkzeuge in Südostasien entdeckt. **Weiter nach Norden führt die Straße 76 in 50 Minuten** bis ins chinesisch geprägte ❹ **Gerik**. Probieren Sie die chinesische Küche beim Mittagessen in einem der einfachen **Restaurants** an der Jalan Sultan Iskandar, bevor Sie im **Nationalparkbüro** Ihr Permit für den Besuch des Royal Belum State Park abholen.

5 km weiter ist der East-West-Highway (Hwy. 4) erreicht, dem Sie nun folgen. Die umliegenden, mehr als 130 Mio. Jahre alten Bergwälder zählen zu den artenreichsten der Erde. Im Norden steht das Gebiet bis zur thailändischen Grenze als ❺ **Royal Belum State Park** *(tgl. 9–19 Uhr)* unter Schutz, im Süden schließt sich das **Temenggor Forest Reserve** an, das Sie **via Hwy 4. durchfahren. Nach 40 Minuten Fahrt** buchen Sie im **Belum Rainforest Resort** *(112 Zi. | Tel. 05 7916800 | www.belumresort.com | €€€)* auf einer (über eine Brücke erreichbaren) Insel im Tasik Temenggor Ihr Zimmer für die Nacht. Vor dem Abendessen erkunden Sie aber noch die umgebende Seenlandschaft auf einer (im Hotel gebuchten) **Kajaktour**. Wieder zurück im Resort, sollten Sie um 20.30 Uhr gegessen haben, dann führt Sie Ihr vom Hotel vermittelter Guide auf einem **Nachtspaziergang** durch die Dschungelwelt mit ihren fremden Gerüchen und Geräuschen.

Am nächsten Morgen buchen Sie am besten INSIDER TIPP direkt bei den Bootsleuten am Pier jenseits der Brücke eine **Bootstour**, um relativ komfortabel die abgelegenen Dschungelgebiete zu erforschen, ein Dorf der Ureinwohner, der Orang Asli, zu besuchen und sich auf die Suche nach der Rafflesia, der größten Blüte der Welt, zu begeben. Vereinbaren Sie unbedingt einen Abstecher zur Insel **Tali Kail**, um dort den Aussichtsturm zu besteigen und die Wasserfälle zu bestaunen.

❸ Lenggong Archaeological Museum

60 km

❹ Gerik

38 km

❺ Royal Belum State Park

TAG 2

Moschee im maurischen Stil in Kuala Kangsar

45 km

⑥ Titiwangsa-Rastplatz

145 km

⑦ Kota Bharu

Wieder im Auto, führt der Hwy. 4 Richtung Ostküste zunächst hinauf auf den Bergkamm der Titiwangsa Range. **Nach 31 km** bietet sich am ⑥ **Titiwangsa-Rastplatz** bei einer Tasse Kaffee ein sagenhafter Ausblick auf die Berglandschaft. **Nach weiteren zweieinhalb Stunden auf den Hwys. 4 und 8** erreichen Sie in ⑦ **Kota Bharu** → S. 58 die Ostküste. Sie checken im komfortablen **Grand Riverview Hotel** → S. 61 ein, genießen im **Medan Selera Kebun Sultan Food Court** → S. 60 ein authentisches Abendessen und fahren dann zum Kulturzentrum **Gelanggang Seni** → S. 59 zu kostenlosem traditionellem Schattenspiel oder Tanz- und Musikaufführungen.

4 DURCH DIE CAMERON HIGHLANDS

START: ① Tanah Rata
ZIEL: ⑥ Brinchang

Strecke: 29 km

1 Tag
reine Fahrzeit 2 Stunden

KOSTEN: ca. 80 Euro für 2 Personen (Verpflegung, Chartertaxi und Eintritte)
MITNEHMEN: Sonnenschutz, Trinkwasser, Wind- oder Regenjacke

Bei diesem entspannten, abwechslungsreichen Tagesausflug erleben Sie die fruchtbare Bergwelt der Cameron Highlands in ihrer ganzen Vielfalt.

① Tanah Rata

15 km

② Gunung Brinchang

7 km

③ Sungai Palas BOH Tea Estate

5 km

08:30 Von ① **Tanah Rata** in den **Cameron Highlands** → S. 47 **starten Sie am Morgen mit dem Taxi gen Norden, die kurvenreiche Straße endet auf dem Gipfel des** ② **Gunung Brinchang** → S. 48 in 2032 m Höhe. Vom **Aussichtsturm** haben Sie bei klarem Wetter eine tolle Rundumsicht über Bergwälder, Teeplantagen und Gewächshäuser bis zum Meer. Spazieren Sie durch märchenhaften Bergwald voller Farne und Moose – der einfache, gut markierte **Rundpfad beginnt gleich unterhalb des Parkplatzes. Nun geht es wieder bergab und Ihr Fahrer stoppt am traditionsreichen** ③ **Sungai Palas BOH Tea Estate** → S. 48, wo Sie bei einer Führung mehr über die Teeproduktion erfahren, sich bei einem frisch aufgebrühten Tee mit toller Aussicht aufwärmen und mit Snacks stärken können.

Wunderbare Aussichten für alle Teeliebhaber: Sungai Palas BOH Tea Estate

13:30 **Zurück auf der Hauptstraße** können Sie bei einem kurzen Stopp auf einem **4 Markt** *(tgl.)*, auf dem Blumen, Pflanzen, Obst und Gemüse angeboten werden, malaysische Erdbeeren probieren. Kurz danach taucht der **5 Time Tunnel** *(tgl. 8.30–18.30 Uhr | Eintritt RM 5)* auf: Die Ausstellung führt zurück in längst vergangene Zeiten, als Abkühlung suchende britische Kolonialbeamte in die Highlands kamen und indische Plantagenarbeiter den Tee noch von Hand pflückten.

4 Markt
1 km
5 Time Tunnel
1 km
6 Brinchang

15:30 Bis **6 Brinchang sind es noch knapp 1,5 km. Am südlichen Ortsende zweigt vor dem indischen Sri-Thandayuthabani-Tempel eine schmale Straße zum chinesischen Sam-Poh-Tempel** *(tgl. bis 17 Uhr)* ab, in dem zahlreiche Statuen aus der taoistischen Götterwelt zu sehen sind. Das entfallene große Mittagessen holen Sie am besten im Ortskern von Brinchang im **Cameron Organic Produce** *(tgl. 12–22 Uhr | gegenüber dem Rasa Passadena Hotel | Tel. 05 4 91 48 07 | €€)* nach: Für RM 33 pro Person können Sie sich mit *steamboat*, einer Art Fondue, satt essen.

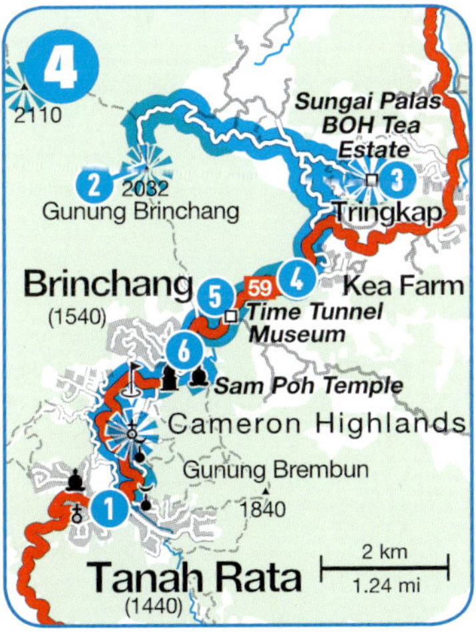

SPORT & WELLNESS

Obwohl die Malaysier das Leben im Allgemeinen wegen des tropischen Klimas eher gemächlich angehen lassen, begeistern sie sich doch für traditionelle Sportarten.

Zu diesen gehören *silat*, ein überlieferter Kampfsport, oder *sepak takraw*, das Spiel mit einem geflochtenen Rattanball, der mit dem Fuß über ein Netz gespielt wird, ähnlich wie beim Volleyball. Beliebt sind in Malaysia außerdem Badminton und Hockey.

Dass das Land auch für viele andere Sportarten Möglichkeiten bereithält, ist wohl aber hauptsächlich den ausländischen Touristen zu verdanken, die zu Besuch kommen. Vor allem die aufregende Natur hat dem Abenteuersport dabei geholfen, sich als Trend zu etablieren. Reiseagenturen organisieren alle möglichen Aktivitäten, vom Sportangeln über das Caving, das Erkunden der spektakulären Höhlen des Landes, bis hin zum Wracktauchen.

BERGSTEIGEN & KLETTERN

Die Besteigung des höchsten Bergs, des Mount Kinabalu, ist relativ einfach und beliebt, aber ziemlich kostspielig. Eine größere Herausforderung stellen andere Berge dar, etwa der *Gunung Tahan* im *Taman Negara* oder der *Gunung Mulu* im gleichnamigen Nationalpark. In Kuala Lumpur trainieren Sie in der *Kletterhalle Camp 5 (1 Utama Shopping Centre | Bandar Utama | Tel. 03 77 26 04 20 | www.camp5.com)*.

 Bild: Kajakfahrer vor Pulau Tioman

Zuschauen oder auch selbst aktiv werden: Malaysias Sportangebot ist riesig und bietet für jeden das richtige Bewegungspensum

GOLF

Malaysias Golfplätze zählen zu den besten der Region, Caddy- und Grüngebühren sind durchaus erschwinglich. In den meisten Clubs können Sie auch Schlägersets mieten.

Nur 20 Minuten außerhalb des Stadtzentrums von *Kuala Lumpur* verspricht der herrlich gestaltete und sehr gepflegte Platz des *Kuala Lumpur Golf & Country Club (Jalan Bukit Kiara | Tel. 032 0119188 | www.klgcc.com)* mit zwei 18-Loch Plätzen (West Par 72, 5822 m, East Par 71, 6047 m) Golfen auf höchstem Niveau. Eine außergewöhnlich ansprechende Anlage in Sabah mit tückischen Wasserfallen und dem Mount Kinabalu als monumentaler Kulisse ist der an *Shangri-La's Rasa Ria Resort* (s. S. 89) angeschlossene *Dalit Bay Golf & Country Club (Pantai Dalit | Tuaran | Sabah | Tel. 088 791333 | www.dalitbaygolf.com.my)* mit 18-Loch, Par 72, bis zu 6968 m. Eine szenisch besonders reizvolle Anlage liegt direkt am Meer: *The Els Club Teluk*

Datai (Jalan Teluk Datai | Langkawi | Tel. 04 9592700 | www.thedatai.com/langkawi/golf) hat 18-Loch, Par 72, 6181 m. Phantastisch angelegt mit künstlichen Seen und Bächen ist der *Penang Golf Club (2, Jalan Bukit Jambul | Bayan Lepas | Tel. 04 6442255 | www.penanggolfclub.com.my)* mit 18-Loch, Par 72, 5848 m. Tiefgrün bewachsene Hügel umgeben das schöne Terrain.

HÖHLENERKUNDUNG

Auch die Erkundung von Höhlen, z. B. beim *Adventure Caving* (nur mit professionellem Führer und entsprechender Ausrüstung!), ist eine sportlich nicht zu unterschätzende Aktivität. Viele Kalksteinhöhlen sind noch relativ unerforscht, sodass das Erklettern nicht nur schweißtreibend, sondern auch abenteuerlich wird. Die Höhlen der Landesteile Sarawak und Sabah zählen dabei zu den besten. Geführte Touren gibt es u. a. im *Taman Negara National Park*, in den *Batu Caves* bei Kuala Lumpur und im *Gunung Mulu National Park*, an der Küste von Langkawi, in der Umgebung von Ipoh und Kuching *(Wind und Fairy Cave bei Bau)*, in Niah und Gomantong.

KAYAK & WILDWASSER

Paddeltouren mit dem Kayak durch Mangrovenwälder werden auf *Langkawi* und ab *Kuching* veranstaltet. Auch im *Royal Belum State Park* sind schöne Ausflüge mit Kayaks in die Seenlandschaft möglich. Aufregender sind Wildwasserfahrten im Schlauchboot ab *Kota Kinabalu*, besonders auf dem reißenden Padas River.

SCHNORCHELN & TAUCHEN

Tropische Korallenriffe locken mit einer faszinierenden Unterwasserwelt, in der eine große Vielfalt an bunten Korallen, Schnecken, Seesternen, Schwarzspitzenhaien, Mantas und Schildkröten

Zurücklehnen und stilvoll entspannen: Gesichtskompressen im Spa

beheimatet sind, ganz zu schweigen von den zahllosen Riffbewohnern, wie regenbogenfarbenen Papageienfischen oder den kleinen, scheuen Clownfischen. Die Riffe liegen durchschnittlich in 4 bis 30 m Tiefe, wodurch bei guter Sicht auch Schnorcheln großen Spaß macht. Die besten Tauchgründe finden sich vor den Inseln an der Ostküste der malaiischen Halbinsel und vor Sabah. Das überkragende Korallenriff um die unbewohnte Insel *Sipadan* zählt zu den besten Tauchgebieten der Welt. In der Nähe gibt es mehrere Tauchbasen, ebenso auf *Pulau Tioman*, *Pulau Perhentian* und *Pulau Redang*. Dort werden auch Bootsausflüge zu weiter entfernt gelegenen Tauchplätzen, darunter einige teils aus dem Zweiten Weltkrieg stammende Wracks, veranstaltet.

SEGELN

Die Inselwelten rings um Langkawi und Kota Kinabalu sind beliebte Segelreviere. Hier haben Sie auch ohne Segelschein die Möglichkeit, auf einem organisierten Segeltörn die natürliche Schönheit des Ozeans und der kleinen, vorgelagerten Inseln zu bewundern.

SURFEN & WASSERSPORT

Auf *Langkawi*, *Pulau, Perhentian* und *Penang (Batu Ferringhi)* werden Surfbretter verliehen. Die besten Bedingungen zum Windsurfen bietet *Cherating* während der Zeit des Monsuns. Auf Langkawi umfasst das Angebot darüber hinaus Wasserski, Jetski, Segelkatamarane und Parasailing.

TREKKING

Im kühlen Bergland der *Cameron Highlands* und *Fraser's Hill*, im *Kinabalu National Park* und im *Kelabit-Hochland* kann man ausgedehnte Wanderungen, teils auf markierten Pfaden, unternehmen. Anstrengender sind Trekkingtouren im feucht-schwülen tropischen Regenwald. Wanderungen auf eigene Faust sind im *Penang National Park*, im *Taman Negara* und *Bako National Park* möglich. Ansonsten werden geführte Touren angeboten, die überaus interessant sein können, z. B. wenn Sie auf Langkawi mehr über das fragile Ökosystem des Mangrovenwalds erfahren oder im *Gunung Mulu National Park* in eine vollkommen fremde Welt eintauchen. Auf Wanderungen braucht man den Körper gut bedeckende Kleidung und Schuhe mit einem guten Profil, außerdem sollten Sie Trinkwasser, Insekten- und Sonnenschutz, eine Notfallapotheke, einen Tagesrucksack und Schutz für die Kamera, Taschenmesser, Toilettenpapier, Regenponcho, Stirnlampe sowie ein Fernglas dabeihaben.

WELLNESS

In Malaysia gibt es nicht an jeder Ecke einen Massagesalon wie etwa auf Bali oder in den Touristenzentren in Thailand, aber auch hier können Sie sich beim Besuch eines Spas verwöhnen lassen. Die Luxus-Spas der 5-Sterne-Hotels bieten eine große Vielfalt an fachkundigen Massagen und kosmetischen Behandlungen in stilvollem, entspannendem Ambiente. Jahrhundertealte Techniken aus der malaiischen Inselwelt kommen dabei genauso zum Einsatz wie chinesische oder indische Praktiken. Die Basis der Entspannungsbäder, Cremes oder Packungen bilden oft lokale Pflanzen, Kräuter, Blüten oder Früchte – ein herrliches Erlebnis. Traditionelle malaiische Heiler, die sogenannten *Bomoh*, sind nicht nur ausgezeichnete Masseure, sondern auch in der Lage, Krankheiten zu behandeln.

MIT KINDERN UNTERWEGS

Malaysische Eltern gehören vermutlich zu den nachsichtigsten und geduldigsten der Welt. Das Land ist schlicht ein Paradies für jeden kleinen Hansdampf in allen Gassen – es bietet Kindern eine Fülle von Freizeit- und Vergnügungsmöglichkeiten.

Haben die Jüngsten nach dem Langstreckenflug erst einmal den Jetlag überwunden und sich akklimatisiert, genießen die meisten das warme tropische Klima, sofern sie vor Mückenstichen und der starken Sonneneinstrahlung geschützt sind. Viele große Hotels verfügen über einen Kinderpool, und einige haben sogar ein auf Kinder ausgerichtetes Freizeitangebot. An weißen Inselstränden können sich die Kleinen tagelang beschäftigen, und ein kurzer Dschungelspaziergang oder eine Fahrt mit der Fahrradrikscha eröffnet ihnen eine ganz neue, abenteuerliche Welt. Natürlich gibt es westliche Lebensmittel in den Supermärkten und die bekannten Fast-Food-Ketten. Aber auch in chinesischen Restaurants steht vieles auf der Karte, das Kindern schmeckt. Beliebt bei Groß und Klein sind *chicken rice*, *sate* (Fleischspießchen mit Erdnusssauce), *roti* (luftige, frisch gebackene Pfannkuchen) oder die kleinen, süßen Babybananen.

AQUARIEN

Das große, moderne *Aquaria KLCC* (U F2) (*◫ f2*) *(tgl. 10.30–20 Uhr | Eintritt RM 64, Kinder RM 53 | www.aquariaklcc.com)* im Untergeschoss des KLCC in Kualu Lumpur fasziniert Kinder. Beim Spaziergang durch die attraktiv gestalteten Gänge tauchen Sie unter die Meeresoberfläche ab und wandern durch den Regenwald zur Küste mit ihren tropischen Korallenriffen. Das Highlight ist ein Acryltunnel durch die Welt der Ozeane mit großen Fischen und Schildkröten. Planen Sie Ihren Besuch so, dass Sie die INSIDER TIPP Fütterung der Haie *(Mo, Mi, Sa 15 Uhr)* miterleben. Weitere Aquarien gibt es im *Zoo Negara (s. rechts)* sowie auf der Insel *Langkawi* (130 A1) (*◫ A3*) in der *Underwater World (tgl. 10–18 Uhr | Pantai Cenang | Eintritt RM 43, Kinder RM 33 | Tel. 04 9556100 | www.underwaterworldlangkawi.com.my)*.

INSIDER TIPP CANOPY WALKWAYS

Größere Kinder werden viel Spaß daran haben, auf schwingenden Hängebrücken durch die Wipfelregion riesiger Bäume zu klettern und den tropischen Regenwald in seiner ganzen Vielfalt zu erleben. Möglichkeiten dazu gibt es im *Kepong Forestry Park* (130 B4) (*◫ B5*) (s. S. 49), auf

Ein tropisches Kinderparadies: In Malaysia genießt der Nachwuchs alle Freiheiten und kann jede Menge Abenteuer erleben

dem *Penang Hill*, im *Taman Negara National Park* (130/131 C–D3) *(C4)* (s. S. 70) und dem *Gunung Mulu National Park* (133 F2) *(L4)* (s. S. 82). Auch bei den *Poring Hot Springs* (135 D2) *(M3)* (s. S. 92) sowie im *Rainforest Discovery Centre* bei Sepilok und im *Danum Valley* (135 E3) *(N4)* (s. S. 93) werden die Ausflüge in luftige Höhen angeboten.

PETRONAS SCIENCE CENTRE

(U F1) *(f1)*

In diesem interaktiven Museum über die Petroleumindustrie in Kuala Lumpur im vierten und fünften Stock des KLCC, Centre Court, werden naturwissenschaftliche Phänomene anschaulich dargestellt. Auf dem Dinosaurier-Track oder im Formel-1-Experimentierfeld können Schulkinder allerlei entdecken, Kleinere vergnügen sich auf einem originellen Spielplatz. *Di–Fr 9.30–17.30, Sa/So 9.30–18.30 Uhr | Eintritt RM 27, Kinder RM 16, Jugendliche RM 22 | Tel. 03 23 31 81 81 | www.petrosains.com.my*

SUNWAY LAGOON ● (130 C4) *(C5)*

Der riesige Freizeitpark in Kuala Lumpur lockt nahe Petaling Jaya mit vielen Attraktionen. Besonders schön ist der Wasserpark mit Rutschen, einer Geisterbahn und Surfmöglichkeiten. Dazu gibt es einen Vergnügungspark, einen Wildlife Park, den gruseligen Scream Park, die Lost Lagoon voller Charaktere aus den Sendungen des TV-Senders Nickelodeon und den großen Abenteuerspielplatz Extreme Park. *Tgl. 10–18 Uhr | Eintritt RM 150, Kinder RM 120, bei Onlinebuchung RM 120/96 | Tel. 03 56 39 00 00 | www.sunwaylagoon.com*

ZOO NEGARA (130 C4) *(C5)*

Der 13 km nordöstlich von Kuala Lumpur gelegene Nationalzoo ist nach asiatischen Maßstäben in Ordnung und mit seinen vielen exotischen Tierarten durchaus einen Besuch mit Kindern wert. *Tgl. 9–17 Uhr | Ulu Kelang | Ampang | Eintritt RM 85, Kinder RM 43 | Tel. 03 41 08 34 22 | www.zoonegaramalaysia.my*

EVENTS, FESTE & MEHR

Moslems, Chinesen, Hindus – sie alle pflegen eigene Feiertage und Festivals. Dabei werden die Daten religiöser Feiertage oft nach dem Mondkalender bestimmt. Sie finden deshalb jedes Jahr an einem anderen Tag statt. Fällt ein offizieller Feiertag auf einen Freitag bzw. Sonntag, ist der nächste Wochentag arbeitsfrei. Auch die Geburtstage der Sultane sind in ihren Bundesstaaten offizielle Feiertage. *Infos unter www.tourism.gov.my/en/events*

VARIABLE FEIERTAGE

Jan./Feb. *Thaipusam* (Johor, Negeri Sembilan, Perak, Penang, Selangor); *Chinesisches Neujahr*

Flexibel übers Jahr: *Geburtstag des Propheten; Hari Raya Aidil Adha* (Zeit der Mekka-Pilgerfahrt); *Awal Muharam* (moslemisches Neujahr); *Good Friday* (Karfreitag; nur in Sabah und Sarawak); *Awal Ramadan* (Ramadan: 16. Mai–14. Juni 2018, 6. Mai–4. Juni 2019); *Deepavali* (hinduistisches Lichterfest; nicht in Sarawak); *Nuzul Al Q'uran* (Verkündigung des Koran; in Kelantan, Pahang, Perak, Perlis, Selangor, Terengganu); *Hari Raya Puasa* (Ende des Ramadan)

FESTE & VERANSTALTUNGEN

MITTE JANUAR/MITTE FEBRUAR

Thaipusam: Bizarr sind die Pilgerumzüge in den Batu Caves in der Nähe von Kuala Lumpur und am Hill Top Murugan-Tempel in Penang. Gläubige Hindus in Trance bohren sich Spieße und Speere durch die Zunge, Opfergestelle, *kavadis,* sind mit Haken in der Haut verankert; seltsamerweise fließt dabei aber kein Blut.

★ ***Chinesisches Neujahr:*** Mit Knallkörpern, Musik und Drachentänzen sollen die bösen Geister vertrieben werden. Die Feiern dauern zwei Wochen und legen in den ersten Tagen das Geschäftsleben lahm. Auf Penang enden sie mit der überschwenglichen ***Chingay***-Prozession.

APRIL

Qingming: Damit ihre Ahnen im Jenseits weltliche Genüssen erleben können, verbrennen Chinesen aus Papier gefertigte Güter wie Autos, Uhren und Geld.

MAI

Pesta Kaamatan: Den ganzen Monat lang feiern die Kadazan auf Sabah ihr Erntedankfest. Höhepunkt sind die Erntedankzeremonien der *Bobhizan* (Priesterinnen) am 30./31. Mai.

Drachentanz und hungrige Geister: Chinesisch, muslimisch, hinduistisch oder buddhistisch – die Feste sind so vielfältig wie das Land

Wesak Day: Buddhisten gedenken an diesem Feiertag der Geburt, Erleuchtung und des Todes Buddhas mit Laternenprozessionen.
Ende Mai findet am Pantai Sri Tujuh (Beach of Seven Lagoons) das ***Internationale Drachenfestival*** statt.

1. UND 2. JUNI

★ ***Gawai Dayak:*** Die Dayak in Sarawak feiern mit Reiswein, Tänzen und traditioneller Musik Erntedankfest.

ZWEITES JULIWOCHENENDE

Rainforest World Music Festival: Drei Tage lang treten im Cultural Village bei Kuching (Sarawak) Musiker aus aller Herren Länder auf.

AUGUST

Yulan: Chinesen opfern zum Fest der hungrigen Geister den Seelen der auf die Erde zurückgekehrten Ahnen Essen.
Merdaka Day: Zum malaysischen Nationalfeiertag am 31. August finden jedes Jahr landesweit Paraden, Feuerwerke, Sport- und Kulturveranstaltungen statt.

OKTOBER/NOVEMBER

Deepavali: Ende Oktober/Anfang November feiern die Hindus das Lichterfest. Häuser und Straßen werden dabei mit Lichterketten und Lampions geschmückt.

FEIERTAGE

1. Jan.	Neujahr (nicht in Johor, Kedah, Kelantan, Perlis, Terengganu)
1. Mai	Tag der Arbeit
1./2. Juni	*Dayak Festival* (nur in Sarawak)
3. Sa im Juni	Offizieller Königsgeburtstag
31. Aug.	*Merdeka Day* (Unabhängigkeitstag)
16. Sept.	Malaysia Day
25. Dez.	Weihnachten

LINKS, BLOGS, APPS & CO.

LINKS & BLOGS

www.malaysiakini.com Auf dieser beliebten und kritischen Nachrichtenwebsite finden sich auch Berichte und Meldungen, die die malaysische Regierung lieber nicht lesen möchte. Wichtige Informationsquelle der politischen Opposition

www.backpackingmalaysia.com Ein passionierter deutscher Rucksackreisender hat diese tolle Seite zusammengestellt. Sie finden darauf ausführliche Infos zu allen wichtigen Reisezielen im Land ebenso wie Tourenvorschläge und Essenstipps

www.edmdroid.com Informationen zu und Fotos aus diversen Clubs in Kuala Lumpur liefert diese Website. Auch einige Tipps zu Clubs im Rest des Landes sind darauf zu finden

www.timeout.com/kuala-lumpur Der Ableger des weltweit verbreiteten Stadtmagazins zu Kuala Lumpur macht Sie auf kulturelle Veranstaltungen und Konzerte aufmerksam. Auch die Kino- und Clubprogramme sind übersichtlich aufbereitet. Außerdem gibt es eine Version für die Insel Penang *(www.timeout.com/penang)*

blog.limkitsiang.com Ein beliebter politischer Blog, der auch kritische Töne anschlägt und sich Themen widmet, die sonst in der Presse totgeschwiegen werden

magickriver.blogspot.com Kurzweiliger, mal politisch-kritischer, mal esoterisch-hippiehafter, mal geradeheraus-humorvoller, aber immer interessanter Blog mit einem sehr breiten Spektrum an Themen

short.travel/mls5 Umfangreiche Sammlung an Bewertungen von Hotels, Restaurants und touristischen Aktivitäten in ganz Malaysia. Alle Beiträge stammen von Usern der Tripadvisor-Community

www.loyarburok.com Mischung aus Nachrichtenseite und Blog, der sich mit dem aktuellen Zeitgeschehen auseinandersetzt. Neben politischen Entwicklungen werden auch die ge-

Egal, ob für Ihre Reisevorbereitung oder vor Ort: Diese Adressen bereichern Ihren Urlaub. Da manche sehr lang sind, führt Sie der short.travel-Code direkt auf die beschriebenen Websites. Falls bei der Eingabe der Codes eine Fehlermeldung erscheint, könnte das an Ihren Einstellungen zum anonymen Surfen liegen

sellschaftlichen Probleme Malaysias, wie etwa Menschenhandel oder häusliche Gewalt, thematisiert

www.couchsurfing.com In Malaysia nehmen bereits fast 5000 Menschen am Couchsurfing teil

www.fb.com/malaysia.travel.de Auf der deutschen Malaysia-Fanseite auf Facebook werden regelmäßig neue touristische Destinationen vorgestellt und es wird auf Veranstaltungen und Sportereignisse hingewiesen

VIDEOS & MUSIK

short.travel/mls1 Das Lied „Satu Suara" (übersetzt: eine Stimme) singen einheimische Stars. Es gehört zum staatlichen Integrationsprogramm „1Malaysia", das an alle appelliert, sich nicht als Malaie, Inder oder Chinese zu fühlen, sondern Malaysier zu werden

short.travel/mls2 In den 1960er-Jahren war P. Ramlee der größte Star des Landes. Das gemeinsam mit Saloma gesungene „Bungawan Solo" zählt zu seinen größten Erfolgen

short.travel/mls3 Achtung, bloß nicht anschauen, wenn Sie hungrig sind: Diese sympathische Tour in zwei Episoden durch die Foodszene von Penang macht unglaublich Appetit auf die vielfältige Küche Malaysias (auf Englisch)

short.travel/mls4 Die einfühlsame englische Doku beleuchtet Arbeit und Leben eines der letzten Hersteller handgefertigter Räucherstäbchen in Georgetown

APPS

Malaysia Travel Guide With Me Die ansprechend aufbereitete App listet die wichtigsten Sehenswürdigkeiten, Hotels und Restaurants. Für Android und iOS

Best Malaysia Radios Das kleine Programm erlaubt es Ihnen, die Radiosender des Landes auf Ihrem Smartphone oder Tablet zu hören. Für Android. Für IOS gibt es alternativ die App MY Radio

The Star Mobile Mit dieser App bekommen Sie die englischsprachige Tageszeitung auf Ihr Handy oder Tablet. Für Android und iOS

PRAKTISCHE HINWEISE

ANREISE

Zahlreiche europäische und asiatische Fluggesellschaften (darunter Lufthansa, KLM, Emirates und Qatar) fliegen ab 500 Euro mit mindestens einem Umstieg nach Kuala Lumpur. Die Flugdauer beträgt mindestens 15 Stunden. Vom Flughafen KLIA und dem benachbarten Terminal KLIA2 ca. 70 km südlich der Stadt bestehen gute Verkehrsanbindungen mit Taxis *(RM 80–100 | 45–60 Min. | Coupon am Schalter kaufen)* und zum Hauptbahnhof im Zentrum mit Bussen *(RM 10–11 | 1 Std.)* oder den Bahnen KLIA Ekspress und KLIA Transit *(RM 55 | 30–40 Min.)*. Sie brauchen nur der Beschilderung zu folgen. Von Singapur aus gelangen Sie über den Causeway nach Malaysia.

GRÜN & FAIR REISEN

Auf Reisen können auch Sie viel bewirken. Behalten Sie nicht nur die CO_2-Bilanz für Hin- und Rückreise im Hinterkopf *(www.atmosfair.de; de.myclimate.org)* – etwa indem Sie Ihre Route umweltgerecht planen *(www.routerank.com)* – , sondern achten Sie auch Natur und Kultur im Reiseland *(www.gate-tourismus.de; www.ecotrans.de)*. Gerade als Tourist ist es wichtig, auf Aspekte wie Naturschutz *(www.nabu.de; www.wwf.de)*, regionale Produkte, wenig Autofahren, Wassersparen und vieles mehr zu achten. Wenn Sie mehr über ökologischen Tourismus erfahren wollen: europaweit *www.oete.de*; weltweit *www.germanwatch.org*

AUSKUNFT

TOURISM MALAYSIA

In Deutschland: Malaysia Tourism Promotion Board | Weissfrauenstr. 12–16 | 60311 Frankfurt a. M. | Tel. 069 4 60 92 34 20 | www.tourismmalaysia.de

In Kuala Lumpur: Malaysian Tourism Centre (MaTiC) | 109, Jalan Ampang | Tel. 03 92 35 48 00 | www.matic.gov.my

www.malaysiasite.nl – Gut organisierte Plattform mit vielen Informationen zu touristischen Sehenswürdigkeiten im ganzen Land.

www.geographia.com/malaysia – Die Website bietet vielfältige Informationen über Land, Kultur und Leute.

Auf *www.malaysia-islands.com* erfahren Sie Näheres über alle Urlaubsinseln, ihre Resorts und Aktivitäten.

BANKEN & GELD

Sie können mit einer Kreditkarte überall im Land an den Geldautomaten (ATMs) Malaysische Ringgit (RM) bekommen. Mit Ihrer EC-Karte ist dies meist nicht möglich. Wenn Sie Geld wechseln möchten, so bieten die lizenzierten Geldwechsler meist einen besseren Kurs an als die Banken. Kreditkarten werden fast überall akzeptiert.

BRUNEI

Bei einem Ausflug nach Brunei wird an der Grenze des Sultanats eine Aufenthaltsgenehmigung erteilt, die bei EU-Bürgern 90 Tage und bei Schweizern 14 Tage lang gültig ist. Nach Bandar Seri Begawan, der Hauptstadt Bruneis, gibt es diverse internationale Flugverbindungen.

Von Anreise bis Zoll

Urlaub von Anfang bis Ende: die wichtigsten Adressen und Informationen für Ihre Malaysiareise

Ab Sarawak und Sabah verkehren auch Busse und Boote. Kreditkarten werden vielerorts akzeptiert.

DIPLOMATISCHE VERTRETUNGEN

AUSLÄNDISCHE BOTSCHAFTEN IN KUALA LUMPUR

Deutschland: *Menara Tan & Tan, 26. Stock | 207, Jalan Tun Razak | Tel. 03 21709666 | www.kuala-lumpur.diplo.de*

Österreich: *Wisma Goldhill | Suite 10.1–2, 10. Stock | 67, Jalan Raja Chulan | Tel. 03 20578969 | kuala-lumpur-ob@bmeia.gv.at*

Schweiz: *16, Pesiaran Madge | Tel. 03 21480622 | www.eda.admin.ch/kualalumpur*

EINREISE

Für die Einreise nach Malaysia brauchen Sie einen Reisepass, der noch mindestens sechs Monate lang gültig ist und ausreichend Platz für die Stempel der Einreisebehörde hat. Sie können dann für bis zu 90 Tage im Land bleiben. Homepage der Einwanderungsbehörde: *www.imi.gov.my*

GEFAHREN

Malaysia ist ein sicheres Reiseland. Ein Problem stellen aber die *snatch thiefs* dar, Handtaschendiebe, die sich Passanten mit dem Moped nähern und im Vorbeifahren versuchen, die Tasche an sich zu bringen. Ängste vor Terrorimus sind unbegründet – in dieser Hinsicht ist Malaysia sicherer als manche europäische Großstadt. Vorsicht beim Baden im Meer: Unterströumungen, Seeigel oder Quallen (Westküste vor Pulau Langkawi) sind nicht zu unterschätzende Gefahren.

GEPÄCK

Für das tropische Klima sind leichte, natürliche Materialien geeignet. Pullover oder eine dünne Jacke braucht man in den kühleren Gebirgsregionen und für klimatisierte Räume. Unentbehrlich ist ein Regenschutz. Nützlich sind Geldgürtel, Sonnenhut und -brille, Taschenmesser und Stirnlampe, Ohrstöpsel, Fernglas sowie Steckdosenadapter.

GESUNDHEIT

Sie sollten sich rechtzeitig vor der Reise um einen ausreichenden Impfschutz kümmern und eventuell die Basisimpfung gegen Tetanus, Polio und Diphtherie (zehn Jahre wirksam) auffrischen. Auch ein Impfschutz gegen Hepatitis A und B sowie Tollwut kann angebracht sein. Nur bei längeren Aufenthalten in ländlichen Gebieten (z. B. auf Reisfeldern) besteht ein geringes Risiko, an Typhus oder der Japanischen Enzephalitis zu erkranken. Im Gegensatz zur Malaria, die kaum vorkommt, stellt das ebenfalls von Mücken übertragene Dengue-Fieber ein zunehmendes Problem dar. Der einzige Schutz besteht darin, sich möglichst keine Stiche zuzuziehen.

Das Leitungswasser kann überall in Malaysia sorgenfrei zum Zähneputzen benutzt werden, trinken sollten Sie es jedoch nicht. Die hygienischen Maßstäbe, die in den offenen, einfachen Straßenrestaurants und an den Essensständen auf den Nachtmärkten herrschen, mögen zwar nicht mitteleuropäischen Standards entsprechen, dennoch müssen Sie sich wenig Gedanken machen, dass Sie sich den Magen verderben könnten. Eis kann überall zum Kühlen der Getränke benutzt werden. Frisches Obst sollten Sie immer schälen.

Eine kleine Reiseapotheke kann hilfreich sein. Allerdings bekommen Sie alle notwendigen Medikamente in den malaysischen Apotheken *(farmasi)*. Die Kliniken sind gut ausgestattet und haben in den großen Städten europäischen Standard. Arztrechnungen müssen Sie gleich bezahlen, eine Auslandskrankenversicherung ist daher sinnvoll.

WAS KOSTET WIE VIEL?

Snack	**2 Euro** *für eine Schüssel chinesische Nudelsuppe*
Bier	**3–4 Euro** *pro 0,6-l-Flasche (Supermarkt)*
Tee	**40 Cent** *für eine Tasse*
Benzin	**40 Cent** *für einen Liter Super*
T-Shirt	**3–6 Euro** *auf Nachtmärkten*
Bus	**2–3 Euro** *100 km im Überlandbus*

INLANDFLÜGE

Sie haben die Wahl zwischen der malaysischen Fluglinie *Malaysia Airlines MAS (www.malaysiaairlines.com)* und Billigfliegern wie etwa *AirAsia (www.airasia.com)*, die die stärkste Kraft auf dem Markt der preisgünstigen Flugtickets sind. Erwähnenswert ist zudem auch *Firefly (www.fireflyz.com.my)*.

INTERNETZUGANG & WLAN

Internetcafés gibt es wie fast überall auf der Welt immer weniger. WLAN-Hotspots (in Malaysia „WiFi") hingegen immer mehr. Fast alle Hotels sowie auch immer mehr Restaurants und Bars bieten den zumeist kostenfreien Zugang zum Internet über ein WLAN-Netzwerk. Manchmal müssen Sie sich zunächst registrieren lassen oder einen Code anfordern, bevor Sie ins Internet gehen können. Vor allem in teuren Hotels wird ein Zugang häufig extra berechnet. Auch die meisten Kaffeehausketten und Flughäfen sind mit WLAN ausgestattet. Eine gute Alternative ist der Internetzugang über Handy mit einer lokalen SIM-Karte.

KLIMA

Malaysia ist ein tropisches Land. Die Temperaturen sind relativ stabil und liegen zwischen 34 °C am Tag und 23 °C in der Nacht. Ein kräftiger Monsun bestimmt das Wetter zwischen Oktober/November und Februar. An der Ostküste der Halbinsel und auf den vorgelagerten Inseln ist in dieser Zeit Nebensaison und die meisten Resorts haben geschlossen. Die See ist dann sehr rau und es regnet viel. Im westlichen Teil entladen sich täglich nachmittags starke Gewitter, die etwa zwei Stunden dauern. Kühler ist es in den Bergregionen.

MEDIEN

Internationale Zeitungen sind bei Händlern in Luxushotels und Großstädten erhältlich. In guten Hotels liegt morgens eine der englischsprachigen Lokalzeitungen *The Star, The Straits Times, New Sabah Times* oder *Borneo Post* vor der Zimmertür. Die Website des monatlich erscheinenden Magazins der deutschsprachigen Expat-Community „KL-Post" finden Sie unter *www.kl-post.com.my*.Fernsehgeräte stehen in den Zimmern der meisten Hotels (ab Mittelklasse), viele haben Kabelfernsehen (BBC, CNN, Deutsche Welle TV).

MIETWAGEN

In Malaysia herrscht Linksverkehr, an den Fahrstil muss man sich gewöhnen. Sowohl internationale als auch lokale Autovermieter findet man an den Flughäfen vieler Städte. Bei Vertragsabschluss sind der Reisepass, ein Führerschein und eine gültige Kreditkarte vorzulegen. Der Fahrer muss mindestens 23 Jahre alt sein. Lokale Vermieter können bis zu 50 Prozent billiger sein. Allerdings muss man unbedingt darauf achten, dass der Mietvertrag eine Versicherung miteinschließt. Komfortable Mittelklassewagen gibt es bereits für ca. RM 150/Tag.

NOTRUF

Polizei und Notarzt: *Tel. 999*

ÖFFENTLICHE VERKEHRSMITTEL

Bahnfahrten sind ein besonderes Vergnügen – sei es entlang der Westküste der Halbinsel oder durch die dschungelbewachsene Mitte zur Ostküste. Reizvoll ist auch die Fahrt zwischen Kota Kinabalu und Tenom in Sabah. Die zweite und erste Klasse sind angenehm und haben zum Teil Schlafwagen. Sitzplätze sollten Sie vorher reservieren. Die Website der malaysischen Bahn ist unter *www.ktmb.com.my* zu finden.

Überlandbusse sind bequem und preiswert. Eine Fahrt von Kuala Lumpur nach Penang kostet zwischen RM 39 und 45 und dauert fünf bis sechs Stunden. Allerdings sind die Busfahrer berüchtigt für ihre aggressive, mitunter unverantwortliche Fahrweise, durch die es schon öfter zu fatalen Unfällen gekommen ist. Etwa alle zwei Stunden wird auf einer solchen Reise eine Pause bei einem Restaurant eingelegt. An den Busbahnhöfen stehen Taxis bereit. Buchungen von Bus- und Bahntickets ohne Aufpreis sind zuverlässig über *www.easybook.com* möglich.

Auf längeren Strecken fahren *Sammeltaxis* zumeist von den Busbahnhöfen ab. Man kann sie chartern oder warten, bis sich vier Passagiere mit gleichem Ziel eingefunden haben. Ihre recht günstigen Preise sind zwar festgelegt, die Fahrer verlangen aber mehr, wenn sie Gäste an Hotels abholen bzw. absetzen oder nachmittags, wenn sie mit großer Wahrscheinlichkeit keine Passagiere für die Rückfahrt finden können. In einigen Städten, z. B. in Melaka, verkehren noch *Fahrradrikschas*. Der Preis für eine Fahrt ist vorher auszuhandeln.

www.myhoponhopoff.com bietet Informationen zum Sightseeing-Bus in Kuala Lumpur und Penang sowie seinen Haltestellen. Stadtbahn und Busse finden Sie unter *www.myrapid.com.my*.

WÄHRUNGSRECHNER

€	RM	RM	€
1	4,87	10	2,04
7	34,14	15	3,07
12	58,53	25	5,11
15	61,80	75	15,35
17	73,16	115	23,54
21	102,43	125	25,59
35	170,72	145	26,68
50	243,88	175	35,83
75	365,82	225	46,06

ÖFFNUNGSZEITEN

Geschäfte haben meist von 10 bis 18/19 Uhr geöffnet, die großen Einkaufszentren täglich von 10 bis 22 Uhr. Bürozeiten und damit auch die Öffnungszeiten der Banken und Behörden sind zwischen 9 und 16.30/17 Uhr, teils mit langer Mittagspause (besonders zur Gebetszeit am Freitag). In den mehrheitlich malaiischen Bundesstaaten Kedah, Kelantan und Terengganu ist der Donnerstag ein halber Arbeitstag und der Freitag ein Feiertag. In allen anderen Bundesstaaten ist Samstag ein halber Arbeitstag und Sonntag frei.

POST

Die malaysische Post ist recht schnell und zuverlässig. Briefmarken für Postkarten gibt es an der Rezeption großer Hotels und in den Postämtern. Ein Brief (20 g) per Luftpost nach Deutschland oder Europa kostet RM 2, eine Postkarte RM 0,50 Genauere Tarife und Laufzeiten unter *www.pos.com.my.*

SCHWIMMEN

Viele teurere Hotels haben einen Pool, oft auch große, schön gestaltete Poollandschaften. Im muslimischen Malaysia gehen einheimische Frauen – wenn überhaupt – bekleidet ins Wasser.

STROM

Die Stromspannung beträgt im Allgemeinen 220 Volt, ein Adapter für dreipolige Steckdosen ist nötig.

WETTER IN KUALA LUMPUR

	Jan.	Feb.	März	April	Mai	Juni	Juli	Aug.	Sept.	Okt.	Nov.	Dez.
Tagestemperaturen in °C	32	33	33	33	33	33	32	32	32	32	32	32
Nachttemperaturen in °C	22	22	23	23	23	23	22	23	22	23	23	22
Sonnenschein Stunden/Tag	6	7	7	6	6	7	7	6	6	5	5	5
Niederschlag Tage/Monat	11	10	15	17	15	11	10	12	14	19	18	13
Wassertemperaturen in °C	27	27	28	28	28	29	28	28	28	28	28	27

Sonnenschein Stunden/Tag · Niederschlag Tage/Monat · Wassertemperaturen in °C

TELEFON & HANDY

Telefonzellen gibt es im Land immer weniger und die vorhandenen werden nicht mehr gewartet, sodass die Nutzung eines Handys sinnvoll ist. Wer das eigene Handy mitnimmt, kann mit einer Simkarte der lokalen Anbieter *Maxis (Hotlink | Tel. (*) 1300 820120 | www.hotlink.com.my)* oder *Celcom (Xpax | Tel. (*) 0196 011111 | www.xpax.com.my)* nicht nur günstig telefonieren, sondern – im Vergleich zum teuren internationalen Roaming – auch beim Online-Gehen viel Geld sparen. Inlandsgespräche kosten RM 0,24 pro Minute, eine SMS RM 0,12. Mit der entsprechenden Vorwahl *(Maxis: 132, Celcom: 131)* können Sie zudem sehr günstig ins Ausland telefonieren (nach Deutschland ab RM 0,14 pro Minute ins Festnetz und RM 0,80 pro Minute ins Handynetz).
Internationale Vorwahlen: Deutschland 0049, Österreich 0043, Schweiz 0041, Malaysia 0060.

TRINKGELD

In vielen Hotels und Restaurants der gehobenen Preisklasse wird eine *Service Charge* von zehn Prozent berechnet. Ansonsten kann man etwas Wechselgeld liegen lassen, an Essensständen und in einfachen Restaurants wird dies nie erwartet. Ein Guide oder ein Fahrer, mit dem man länger reist, freut sich über ein Trinkgeld.

ÜBERNACHTEN

Luxushotels bieten internationalen Standard. Häuser der oberen Preisklasse addieren fünf Prozent Steuern und zehn Prozent für den Service auf den Rechnungsbetrag. Fragen Sie stets nach Sonderangeboten!
An den Stränden gibt es meist Bungalowanlagen in verschiedenen Preiskategorien. Auf Borneo ist das Preisniveau etwas höher als auf der Halbinsel. An offiziellen Feiertagen kann es schwierig sein, ohne Reservierung ein Zimmer zu bekommen. Der grüne Pfeil an der Decke vieler Hotelzimmer weist Richtung Mekka.
Unter *www.malaysia-hotels.net* finden Sie ein Hotelbuchungsportal in Malaysia.

ZEIT

Während der europäischen Sommerzeit ist es in Malaysia sechs Stunden, sonst sieben Stunden später als in Mitteleuropa. Zeitangaben werden meist mit dem Zusatz *am* (vor Mittag) oder *pm* (nach Mittag) gemacht.

ZOLL

Bei der Ein- und Ausreise müssen alle Bargeldbeträge inklusive Reiseschecks von mehr als RM 10 000 deklariert werden. Zollfrei einführen dürfen Sie 200 Zigaretten oder 50 Zigarren, 1 l alkoholische Getränke, Geschenke im Wert von bis zu RM 400. Strengstens verboten ist die Einfuhr von Pornografie (als solche gilt auch der „Playboy"!). Die Ausfuhr von Antiquitäten ist bewilligungspflichtig, eine Genehmigung erteilt die Museumsbehörde in Kuala Lumpur.
In die EU einführen können Sie 200 Zigaretten, 1 l Spirituosen und andere Reisemitbringsel im Wert von bis zu 430 Euro. Für Schweizer Staatsbürger gelten etwas andere Freigrenzen. Kaufen Sie keine gefälschte Markenware und Produkte von geschützten Tieren (auch Korallen, Schildpatt und Krokodilleder). So ersparen Sie sich bei der Einreise viel Ärger. *www.zoll.de,* Schweiz: *www.ezv.admin.ch*, Österreich: *www.bmf.gv.at/Zoll*

SPRACHFÜHRER MALAIISCH

AUSSPRACHE

c	wie „tsch“
j	wie das weiche „dsch“ in „Dschungel“
kh	wie das „ch“ in „Koch“
ny	wie „gn“ in „Champagner“
r	wird gerollt
y	wie „j“ in „Ja“
sy	wie „sch“

AUF EINEN BLICK

ja/nein/vielleicht	ya/tidak/mungkin
Bitte./Danke.	Tolong./Terima kasih.
Entschuldige.	Maafkan saya
Entschuldigen Sie!	Permisi!
Darf ich ...?	Boleh saya ...?
Wie bitte?	Apa?
Ich möchte .../Haben Sie ...?	Saya mau .../Ada ...?
Wie viel kostet ...?	Harga berapa ...?/Berapa harganya ...?
Das gefällt mir (nicht).	Saya (tidak) suka ini./(Tidak) sukanya.
gut/schlecht	baik/busuk
kaputt/funktioniert nicht	rusak/tidak berfungsi
zu viel/viel/wenig	terlalu banyak/banyak/sedikit
Hilfe!/Achtung!/Vorsicht!	Tolonglah!/Awas!/Perhatian!
Krankenwagen/Polizei/Feuerwehr	ambulans/polis/balai bomba
Verbot/verboten	larangan/dilarang
Gefahr/gefährlich	bahaya/berbahaya
Darf ich Sie/hier fotografieren?	Boleh gambar foto anda/di sini?

BEGRÜSSUNG & ABSCHIED

Gute(n) Morgen!/Tag *(mittags)*!/ Tag! *(nachmittags)*!/Abend!/Nacht!	Selamat pagi!/Selamat tengahari!/ Selamat petang!/Selamat malam!/ Selamat tidur!
Auf Wiedersehen (zu dem, der bleibt)!	Selamat tinggal!
Auf Wiedersehen (zu dem, der geht)!	Selamat jalan!
Ich heiße ...	Nama saya...
Wie heißen Sie?/heißt du?	Siapa nama anda?/Siapa nama kamu?
Ich komme aus ...	Saya dari ...

Boleh cakap Bahasa Malaysia?

„Sprichst du Malaiisch?" Dieser Sprachführer hilft Ihnen, die wichtigsten Wörter und Sätze auf Malaiisch zu sagen

DATUMS- & ZEITANGABEN

Montag/Dienstag/Mittwoch	hari Isnin/hari Selasa/hari Rabu
Donnerstag/Freitag	hari Kamis/hari Jumaat
Samstag/Sonntag	hari Sabtu/hari Ahad
Werktag/Feiertag	hari pekerjaan/hari cuti, hari libur
heute/morgen/gestern	hari ini/besok/kelmarin
Stunde/Minute	jam/minit
Tag/Nacht/Woche	hari/malam/minggu
Monat/Jahr	bulan/tahun
Wie viel Uhr ist es?	Jam berapa?
Es ist drei Uhr./Es ist halb vier.	Pukul tiga./Pukul tiga setengah.
Viertel vor vier/Viertel nach vier	Pukul tiga empat puluh lima/ Pukul empat lima belas

UNTERWEGS

Eingang/Einfahrt	pintu masuk/jalan masuk
Ausgang/Ausfahrt	keluar/jalan keluar
Abfahrt/Abflug/Ankunft	perpisahan/kelepasan/ketibaan, kedatangan
Toiletten/Damen/Herren	tandas, WC/wanita, perempuan/laki laki
(kein) Trinkwasser	(bukan) air minuman
Wo ist ...?/Wo sind ...?	Di mana ...?
links/rechts	(sebelah) kiri/(sebelah) kanan
geradeaus/zurück	lurus, terus/balik, kembali
nah/weit	dekat/jauh
Bus/Straßenbahn/U-Bahn/Taxi	bas/trem/kereta api bawah tanah/teksi
Haltestelle/Taxistand	perhentian/perhentian teksi
Parkplatz/Parkhaus	parkir/rumah parkir
Stadtplan/(Land-)Karte	peta
Bahnhof/Hafen	stesen kereta api/pelabuhan
Flughafen	lapangan terbang
Fahrplan/Fahrschein	jadual/tiket
einfach/hin und zurück	sehala/pergi pulang
Zug/Gleis	kereta api/pusat, jalan kereta api
Ich möchte ... mieten.	Saya mau menyewa ...
ein Auto/ein Fahrrad/ein Boot	kereta/baisikal/kapal laut
Tankstelle	pam petrol
Benzin/Diesel	(minyak) petrol/disel
Panne/Werkstatt	kerosakan/kilang bandar, bengkel

ESSEN & TRINKEN

Reservieren Sie uns bitte für heute Abend einen Tisch für vier Personen.	Tolong menempah (memesan) meja untuk empat orang nanti malam.
Die Speisekarte, bitte.	Tolonglah menu.
Könnte ich bitte ... haben?	Saya bisa mendapat ...?/Saya boleh ...?
Messer/Gabel/Löffel	pisau/garpu/sudu
Salz/Pfeffer/Zucker	garam/lada/gula
Essig/Öl	cuka/minyak
Milch/Sahne/Zitrone	susu/krim/jeruk nipis
mit/ohne Eis/Kohlensäure	dengan/tanpa ais/asam karbonat
Vegetarier(in)/Allergie	vegetarian/alergi
Ich möchte zahlen, bitte.	Minta bon./Saya mau bayar.
Rechnung/Quittung/Trinkgeld	bil/resit/hujung

EINKAUFEN

Wo finde ich ...?	Di mana saya mendapat ...?
Ich möchte .../Ich suche ...	Saya mau .../Saya cari ...
Apotheke/Drogerie	farmasi/kedai ubat
Bäckerei/Markt	kedai roti/pasar
Lebensmittelgeschäft	grocery
Supermarkt	supermarket, pasar raya
100 Gramm/1 Kilo	seratus gram/satu kilo
teuer/billig/Preis	mahal/murah/harga
mehr/weniger	lebih/kurang
aus biologischem Anbau	organik

ÜBERNACHTEN

Ich habe ein Zimmer reserviert.	Saya telah menempah bilik.
Haben Sie noch ...?	Masih ada ...?
Einzelzimmer	bilik untuk satu orang/bilik tunggal
Doppelzimmer	bilik untuk dua orang/bilik dobel
Frühstück/Halbpension	makan pagi sarapan/sewa bilik termasuk dua kali makan
Vollpension	sewa bilik termasuk tiga kali makan
Dusche/Bad	mandi/bilik mandi
Balkon/Terrasse	anjung/teras
Schlüssel/Zimmerkarte	kunci/kad bilik
Gepäck/Koffer/Tasche	bagasi/kes/tas

BANKEN & GELD

Bank/Geldautomat	bank/ATM
Ich möchte ... Euro wechseln.	Saya ingin tukar ... Euro.

bar/ec-Karte/Kreditkarte	kas/kad ec/kad kredit
Banknote/Münze/Wechselgeld	wang kertas/syiling/laman

GESUNDHEIT

Arzt/Zahnarzt/Kinderarzt	doktor/doktor gigi/doktor anak
Krankenhaus/Notfallpraxis	rumah sakit/klinik kecemasan
Fieber/Schmerzen	demam/sakit
Durchfall/Übelkeit	diarea, cirit-birit/rasa mual, mabuk
Sonnenbrand	luka bakar akibat berjemur
Pflaster/Verband/Salbe/Creme	plester/dressing/salep/krim
Schmerzmittel/Tablette	obat penghilang rasa sakit/tablet

TELEKOMMUNIKATION & MEDIEN

Briefmarke/Brief/Postkarte	stamp/surat/kad pos
Ich brauche eine Telefonkarte fürs Festnetz.	Saya perlu kad telefon untuk rangkaian tetap.
Ich suche eine Prepaidkarte für mein Handy.	Saya cari kad Prepaid untuk telefon saya.
Wo finde ich einen Internetzugang?	Di mana saya dapat mencari sambungan internet?
Brauche ich eine spezielle Vorwahl?	Apakah saya memerlukan kod khas?
Steckdose/Adapter/Ladegerät	socket/penyesuai/charger
Computer/Batterie/Akku	komputer/bateri/bateri
At-Zeichen(„Klammeraffe“)	at
Internetanschluss/WLAN	akses internet/WiFi
E-Mail/Datei/ausdrucken	E-mel/fail/cetak

FREIZEIT, SPORT & STRAND

Strand/Strandbad	pantai
Sonnenschirm/Liegestuhl	payung/deckchair
Ebbe/Flut/Strömung	air surut/air pasang/arus

ZAHLEN

0	kosong	9	sembilan
1	satu	10	sepuluh
2	dua	15	lima belas
3	tiga	100	seratus
4	empat	200	dua ratus
5	lima	1000	seribu
6	enam	10000	sepuluh ribu
7	tujuh	1/2	setengah
8	lapan	1/4	seperempat

REISEATLAS

Verlauf der Erlebnistour „Perfekt im Überblick"
Verlauf der Erlebnistouren

Der Gesamtverlauf aller Touren ist auch in der herausnehmbaren Faltkarte eingetragen

 Bild: Street Art in Georgetown

Unterwegs in Malaysia

Die Seiteneinteilung für den Reiseatlas finden Sie auf dem hinteren Umschlag dieses Reiseführers

A
B
C
1
2
3
4
5
6
SONGKHLA
HAT YAI
MUANG THAI
(THAILAND)
Pattani
Rattaphum
Palian
Mu Ko Phetra Nat. Park
Langu
Khlong Ngae
Na Thawi
Khok Pho
Sai Buri
Ko Tarutao
Tarutao N.P.
Ko Rawi
Satun
Khao Nam Khang N.P.
Yaha
Yala
Ton Sai
Narathiwat
Chinchin Straits
Kangar
K.Perlis
Perlis
Changlun
Jitra
Sun Gala Khiri N.P.
Ban Nang Sata
Budo-Su-ngai Padi N.P.
Kg. Pengkalan Kubor
KOTA BHARU
Pulau Langkawi
Kuah
ALOR SETAR
Pokok Sena
Bang Lang N.P.
P. Dayang Bunting
Kuala Kedah
Kedah
Nami
Bt. Lata Papalang
Bang Lang Res.
Sungai Golok
Peringat
Pasir Puteh
Kg. Nibong
Gurun
Yan
Sik
Baling
Betong
Royal Belum State Park
Tasik Temengor
Machang
Jeli
Jertih
SUNGAI PETANI
Batu Ferringhi
Muka Head
GEORGETOWN
BUTTERWORTH
KULIM
P.Banding
Gerik
G. Noring
Kuala Krai
Kg. Buloh
Pulau Pinang
Teluk Kumbar
Nibong Tebal
Tanjung Piandang
Selama
Kota Lenggong
Perak
G. Chamah
Kemubu
Nenggiri
Ayer Dele
Bukit Merah Laketown Resort
Arch. Heritage Lenggong Valley
Kelantan
Gua Musang
TAIPING
Sungai Siput
G. Korbu
Changkat Jering
K.Kangsar
Kg.Gajah
Kg. Kemara
G. Gagau
Belawan
Ayer Terjun
IPOH
Meropoh
G. Tahan
Negara
Nat.Park
K.Tahan
Kg. Relok
Pantai Remis
Parit
Batu Gajah
Lawan Gopeng
Tanah Rata
+8h Greenwich Time
Damar Laut
P. Pangkor
Lumut
Kampung Koh
Kampar
Kg. Gajah
Tapah
Bidor
Pahang
Kuala Lipis
Kg. Merting
Benta
Seberang
Tembeling
Jerantut
Selat Melaka
P.Sembilan
Bagan Datuk
Teluk Intan
Hutan Melintang
Slim River
Raub
G. Benum
+7h Gr. Time
Tranum
K. Kerau
Fraser's Hill
K.Kubu Bharu
Nat. Eleph. Con. Centre Kuala Gandha
Bentong
Tanjung Malim
Kg. Sekinchan
Tanjung Karang
K. Selangor
Selangor
RAWANG
SELAYANG BARU
Karak
Temerloh
Triang
Sungaibamban
Kualatanjung
Indrapura
TEBING-TINGGI
Labuhanruku
KUALA LUMPUR
SHAH ALAM
AMPANG JAYA
PETALING JAYA
KLANG
SUBANG JAYA
KAJANG
Simpang Pertang
Teluknibung
KISARAN
TANJUNGBALAI
Simpangkawat
Putrajaya
Banting
Negeri Sembilan
Bahau
K.Pilah
SEREMBAN
Bandarpasir-mandogai
Tanjung Bangsi
Berembang
Labuhanbilik
Tanjung Sepat
Port Dickson
Pasir Panjang
Gemas
Tampin
G. Ledang
Aekanopan
Silaer
Parsoburan
G. Sihabuhabu
Negiralama
Tg. Senebui
Melaka
Tangkak
Bagansiapiapi
Tg. Medang
MELAKA
P. Besar
Sibalanga
RANTAU-PRAPAT
Perbaungan
INDONESIA
MUAR
Kotapinang
Bagansinembah
P. Rupat
Batupanjang
Sipiongot
Langgapayung
Sipirok
Sumatera
DUMAI
P. Bengkalis
Bengkalis
Sintong
Padang
Gunungtua
Pintupadang
Binanga
Barumun
Utara
Sungaipakning
Duri
P. Padang
Pasarsibuhuan
Daludalu
Titigading
Siabu
G. Malea
Balaipungut
SELATPANJANG
P. Rant (Tebing)
Panyabungan
Kotanopan
Pasirpenga-rayan
Minas
Muarasoma

D
E
F
1
2
3
4
5
6
100 km
62.14 mi
Bangkok
+7h Greenwich Time
+8h Greenwich Time
Vung Tau, Hong Kong
P. Redang
Kg. Merang
Batu Rakit
Kuala Terengganu
Marang
Wakaf Tapai
Rantau Abang
Kg. Jerangau
P. Tenggol
Kuala Dungan
220
Kemasik
199
Semenanjung
Kg. Ayer Puteh
Kemaman (Cukai)
Cherating
Kg. Balok
KUANTAN
Kg. Sepat
Gambang
Kg. Lamir
Pahang
Pekan
Malaysia
185
Nenasi
Kg. Leban Condong
Petoh
Kuala Rompin
Rompin
Kg. Tekek
P. Tioman
Pandang Endau
P. Pemangil
G. Besar
Labis
176
330
Mersing
P. Besar
P. Aur
Jemaluang
Paloh
P. Tinggi
P. Sibu
Johor
Yong Peng
KLUANG
Mawai
Kampung Laut
Benut
Kulai
Kota Tinggi
Senai
Desaru
SEKUDAI
JOHOR BAHRU
PASIR GUDANG
Pontian Kecil
Kukup
Kg. Sungai Rengit
Tanjung Piai
SINGAPURA
SINGAPORE
Sel. Singapura
Nongsa
P. Batam
Tanjunguban
P. Bintan
P. Mapur
P. Karimun
BATAM
TANJUNG-BALAI
TANJUNGPINANG
P. Combol
Timun
P. Kundur
P. Sugi
Kijang
South China Sea
Kep. Anambas
P. Matak
P. Tarempa
P. Jemaja
P. Raibu
INDONESIA
Laut Natuna
Sunda Shelf
Kepulauan Riau
Jakarta
Perth

A
B
C
1
2
3
4
5
6
100 km
62.14 mi
+8h Greenwich Time
+7h Greenwich Time
South China Sea
INDONESIA
P. Subi
P. Panjang
P. Seraya
P. Serasan
441
Sel. Serasan
+8h Gr.T.
+7h Gr.T.
Tg. Datu
Tg. Datu Nat. Park
Talang Satang Nat. P.
Tel. Datu
Tg. Sipang
Sematan
Santubong
Sarawak Cult. Village
Bako N.P.
Maludam N.P.
G. Gading N.P.
Kubah N.P.
Lundu
Sampadi
KUCHING
Paloh
Sambas
Semera
Simunjan
Sebuyau
Lupar
Debak
Betong
Bau
Siluas
Siburan
Semenggoh Orang Utan Sanctuary
Lingga
Bandar Sri Aman (Simanggang)
Padawan
Serian
Pantu
Tebedu
Engkilili
Lubok A
01
119
191
184
77
10
1
Oya
Sirik
Matu
Da
Pulau Bruit
Daro
Nanga Tamin
Tg. Pasir
SIBU
Rajang
Sarikei
Bitangor
Rajang Mangrove Nat. Park
Roban
Pakan
Saratok
Budu
Pusa
Lanjak-Wildlif Sanct
Batang Ai N.P.
Danau Sentarum Nat. Park
Tg. Gunung
Pemangkat
P. Lemukutan
Sungairaya
G. Niut
1701
Bengkayang
Balaikarangan
Kalimantan
INDO
86
Mempawah
Pinang
Ngabang
Sosok
Landak
Mandor
Tg. Bangkai
Sanggau
Kapuas
Sintang
53
Equator
PONTIANAK
P. Tanjungsaleh
Tayan
Melawi
Tg. Putus
Kapuas
Kertamulia
Barat
1758
G. Saran
Nanga Pir
Pinoh
Tg. Padangtikar
Jawi

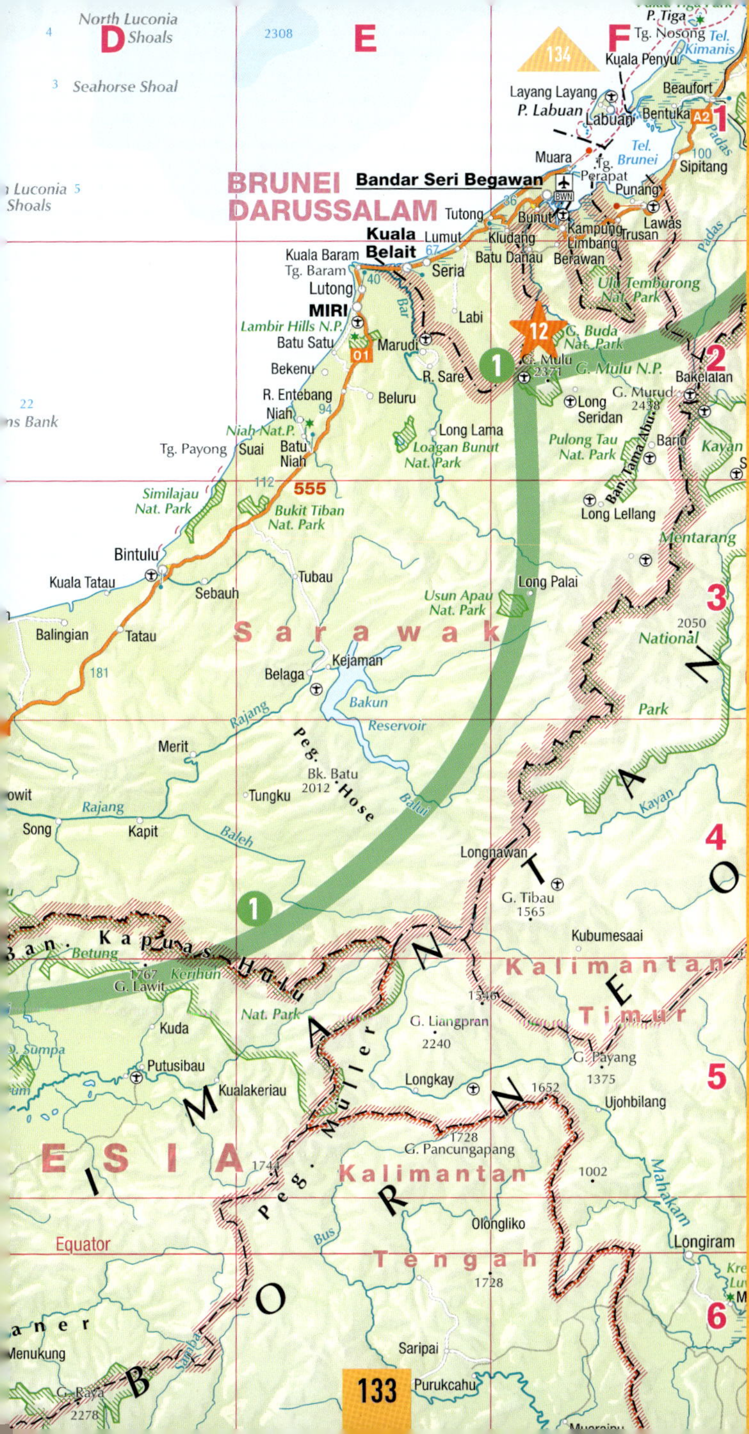

D
E
F
134
North Luconia Shoals
Seahorse Shoal
BRUNEI DARUSSALAM
Bandar Seri Begawan
Sarawak
Kalimantan Timur
Kalimantan Tengah
MIRI
Kuala Belait
Bintulu
Kapit
Labuan
P. Labuan
Layang Layang
Kuala Penyu
Beaufort
Sipitang
Tel. Brunei
Tel. Kimanis
P. Tiga
Tg. Nosong
Muara
Tutong
Seria
Lutong
Marudi
Limbang
Lawas
Bakelalan
Bario
Long Lellang
Long Palai
Belaga
Kejaman
Bakun Reservoir
Merit
Tungku
Song
Balingian
Tatau
Kuala Tatau
Sebauh
Tubau
Longnawan
G. Tibau
1565
Kubumesaai
G. Liangpran
2240
Longkay
G. Payang
1375
Ujohbilang
G. Pancungapang
1728
Olongliko
Longiram
Saripai
Purukcahu
Putusibau
Kualakeriau
Kuda
G. Lawit
1767
Betung Kerihun Nat. Park
Peg. Müller
Peg. Hose
Bk. Batu
2012
G. Mulu
2371
G. Mulu N.P.
G. Murud
2438
Equator
Mahakam
Rajang
Baleh
Balui
Kayan
Lambir Hills N.P.
Niah Nat.P.
Similajau Nat. Park
Bukit Tiban Nat. Park
Usun Apau Nat. Park
Loagan Bunut Nat. Park
Pulong Tau Nat. Park
Ulu Temburong Nat. Park
G. Buda Nat. Park
Kayan Mentarang National Park
12

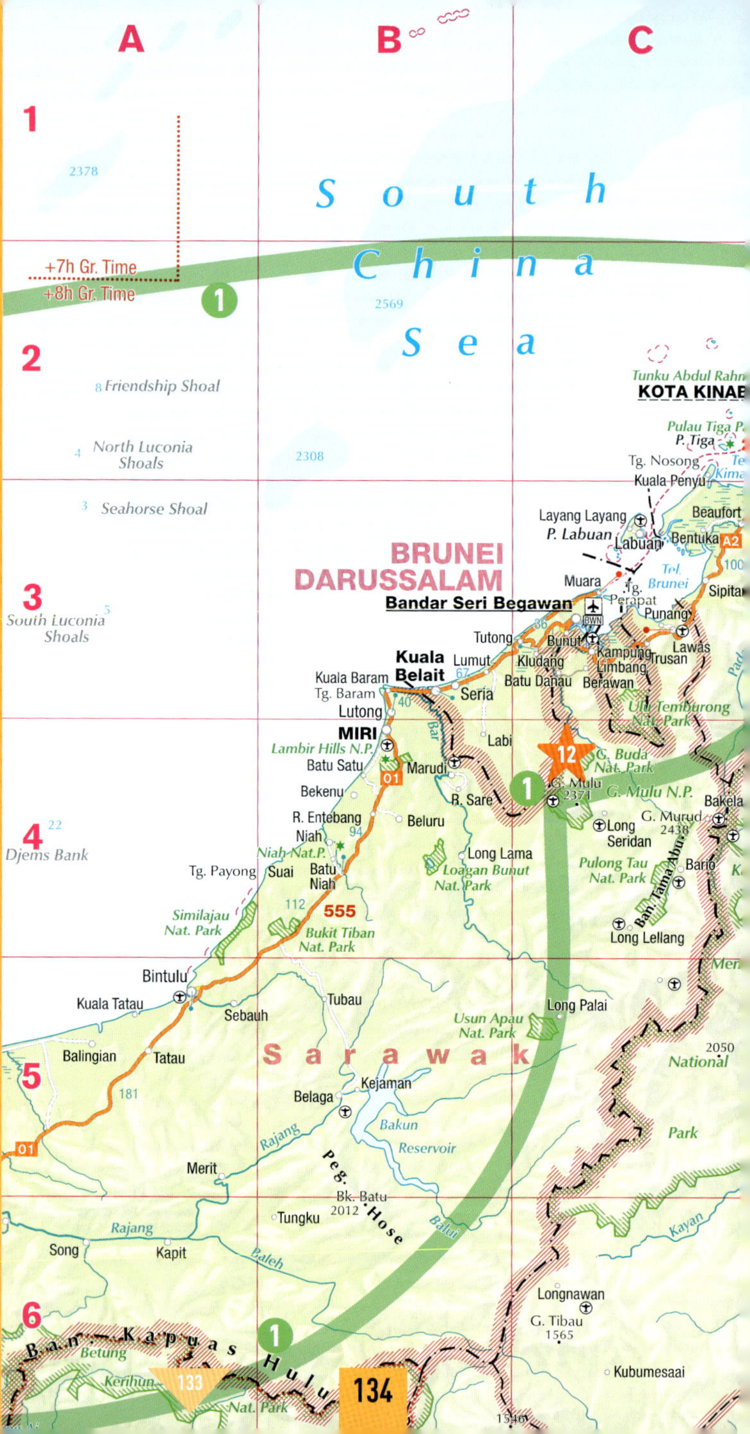

A
B
C
1
2
3
4
5
6
South China Sea
+7h Gr. Time
+8h Gr. Time
Friendship Shoal
North Luconia Shoals
Seahorse Shoal
South Luconia Shoals
Djems Bank
BRUNEI DARUSSALAM
Bandar Seri Begawan
Tunku Abdul Rahman
KOTA KINABALU
Pulau Tiga
P. Tiga
Tg. Nosong
Kuala Penyu
Layang Layang
P. Labuan
Labuan
Beaufort
Bentuka
Muara
Tg. Perapat
Tel. Brunei
Sipitang
Punang
Lawas
Tutong
Bunut
Kampung Limbang
Trusan
Kludang
Batu Danau
Berawan
Kuala Belait
Lumut
Seria
Kuala Baram
Tg. Baram
Lutong
MIRI
Ulu Temburong Nat. Park
Labi
Lambir Hills N.P.
Batu Satu
Marudi
G. Buda Nat. Park
G. Mulu
2371
G. Mulu N.P.
Bakelalan
Bekenu
R. Sare
R. Entebang
Beluru
G. Murud
2438
Long Seridan
Niah
Niah Nat. P.
Long Lama
Loagan Bunut Nat. Park
Pulong Tau Nat. Park
Bario
Ban. Tama Abu
Tg. Payong
Suai
Batu Niah
555
Similajau Nat. Park
Bukit Tiban Nat. Park
Long Lellang
Bintulu
Kuala Tatau
Sebauh
Tubau
Long Palai
Usun Apau Nat. Park
Balingian
Tatau
Sarawak
Kejaman
Belaga
Bakun Reservoir
National Park
Rajang
Merit
Peg. Hose
Bk. Batu
2012
Tungku
Balui
Kayan
Song
Kapit
Baleh
Longnawan
G. Tibau
1565
Kubumesaai
Ban. Kapuas Hulu
Betung Kerihun Nat. Park
133
2050
2378
2569
2308

D
E
F
1
2
3
4
5
6
100 km
62.14 mi
Balabac Strait
P. Balambangan
P. Banggi
P. Malawali
Bancauan I.
Cagayan de Tawi Tawi Island
Sulu Sea
Kudat
Tiga Tarok
P. Jambongan
Pitas
Langkon
Marasimsim
Kota Marudu
Kota Belud
Tg. Sugut
Turtle Islands
Turtle Islands Marine Park
Zamboanga
Kinabalu N.P.
G. Kinabalu
4095
Tuaran
Tamparuli
Inanam
Rafflesia Forest Res.
Poring Hot Springs
Ranau
Tel. Labuk
Tg. Pisau
P. Kanawi
SANDAKAN
Beluran
Sepilok Orang Utan Sanctuary
Bambangan
P. Timbang
Tel. Sandakan
Gomantong Caves
Penampang
Tampasis
Tambunan
Crocker
Tambuan Village Resort
Crocker Range Park
G. Trus Madi
2649
Sabah
Sukau
Bilit
P. Tambisan
Tawitawi I.
Keningau
Lanas
Kinabatangan
Sungai Pin
Litang
Tabin Wildlife Reserve
Look Sembuang
Tenom
Pinangah
Kuamut
Kampung Sook
LAHAD DATU
835
Tungku
Nabawan
Ban. Brassey
P. Sakar
Tel. Darvel
Sibutu I.
Tumindao I.
Danum Valley Conservation Area
Kunak
Sapang
P. Timbun Mata
P. Gaya
Sapulut
Tawau Hills Park
G. Magdalena
1347
Semporna
Sosogoh
Kalabakan
P. Bum Bum
TAWAU
Tg. Tutup
P. Kapalai
P. Mabul
P. Sipadan
Nunukan
P. Sebatik
P. Nunukan Timur
P. Pinabasan
Tel. Sebuku
Sembakung
P. Haus
1372
G. Basakan
P. Mandul
Tanahmerah
Malinau
Tidangpala
Sesayap
P. Bangkudulis
P. Bunyu
P. Tarakan
TARAKAN
Celebes Sea
Kalimantan
INDONESIA
Tel. Sekatak
P. Mapat
P. Pekin
G. Bakayan
1599
Tanjung Selor
Kayan
1250
750
Kiampanjang
Tanjungbatu
G. Kujat
1083
Tg. Batu
P. Maratua
Berau
Telukbayur
Tanjungredeb
P. Kakaban
G. Guguang
2467
G. Kemal
2053
Sambaliung Pegunungan
Barung
Tg. Perupuk
Kelai
Batuputih
Tg. Semuntai
P. Tanjung Buaya
Tintang
Telen
Bidukbiduk
13
14
165
231
55
313
63
45
1

KARTENLEGENDE

Autobahn, mehrspurige Straße - in Bau Highway, multilane divided road - under construction		Autoroute, route à plusieurs voies - en construction Autosnelweg, weg met meer rijstroken - in aanleg
Fernverkehrsstraße - in Bau Trunk road - under construction		Route à grande circulation - en construction Weg voor interlokaal verkeer - in aanleg
Hauptstraße Principal highway		Route principale Hoofdweg
Nebenstraße Secondary road		Route secondaire Overige verharde wegen
Fahrweg, Piste Practicable road, track		Chemin carrossable, piste Weg, piste
Straßennummerierung Road numbering	E20 11 70 26 5 40 9	Numérotage des routes Wegnummering
Entfernungen in Kilometer Distances in kilometers	259 130 129	Distances en kilomètres Afstand in kilometers
Höhe in Meter - Pass Height in meters - Pass	1365	Altitude en mètres - Col Hoogte in meters - Pas
Eisenbahn - Eisenbahnfähre Railway - Railway ferry		Chemin de fer - Ferry-boat Spoorweg - Spoorpont
Autofähre - Schifffahrtslinie Car ferry - Shipping route		Bac autos - Ligne maritime Autoveer - Scheepvaartlijn
Wichtiger internationaler Flughafen - Flughafen Major international airport - Airport		Aéroport importante international - Aéroport Belangrijke internationale luchthaven - Luchthaven
Internationale Grenze - Provinzgrenze International boundary - Province boundary		Frontière internationale - Limite de Province Internationale grens - Provinciale grens
Unbestimmte Grenze Undefined boundary		Frontière d'Etat non définie Rijksgrens onbepaalt
Zeitzonengrenze Time zone boundary	-4h Greenwich Time -3h Greenwich Time	Limite de fuseau horaire Tijdzone-grens
Hauptstadt eines souveränen Staates National capital	MANILA	Capitale nationale Hoofdstad van een souvereine staat
Hauptstadt eines Bundesstaates Federal capital	Kuching	Capitale d'un état fédéral Hoofdstad van een deelstat
Sperrgebiet Restricted area		Zone interdite Verboden gebied
Nationalpark National park		Parc national Nationaal park
Antikes Baudenkmal Ancient monument		Monument antiques Antiek monument
Sehenswertes Kulturdenkmal Interesting cultural monument	Angkor Wat	Monument culturel interéssant Bezienswaardig cultuurmonument
Sehenswertes Naturdenkmal Interesting natural monument	Ha Long Bay	Monument naturel interéssant Bezienswaardig natuurmonument
Brunnen Well		Puits Bron
MARCO POLO Erlebnistour 1 MARCO POLO Discovery Tour 1		MARCO POLO Tour d'aventure 1 MARCO POLO Avontuurlijke Routes 1
MARCO POLO Erlebnistouren MARCO POLO Discovery Tours		MARCO POLO Tours d'aventure MARCO POLO Avontuurlijke Routes
MARCO POLO Highlight	1	MARCO POLO Highlight

FÜR IHRE NÄCHSTE REISE ...

ALLE **MARCO POLO** REISEFÜHRER

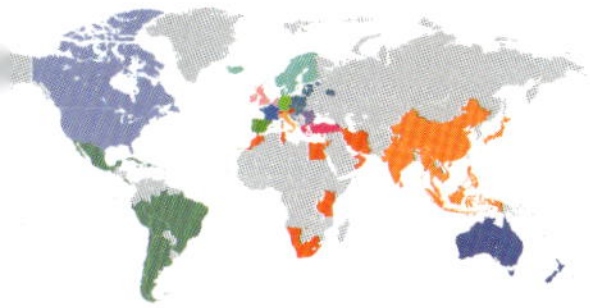

DEUTSCHLAND

Allgäu
Bayerischer Wald
Berlin
Bodensee
Chiemgau/Berchtesgadener Land
Dresden/Sächsische Schweiz
Düsseldorf
Eifel
Erzgebirge/Vogtland
Föhr & Amrum
Franken
Frankfurt
Hamburg
Harz
Heidelberg
Köln
Lausitz/Spreewald/Zittauer Gebirge
Leipzig
Lüneburger Heide/Wendland
Mecklenburgische Seenplatte
Mosel
München
Nordseeküste Schleswig-Holstein
Oberbayern
Ostfriesische Inseln
Ostfriesland/Nordseeküste Niedersachsen/Helgoland
Ostseeküste Mecklenburg-Vorpommern
Ostseeküste Schleswig-Holstein
Pfalz
Potsdam
Rheingau/Wiesbaden
Rügen/Hiddensee/Stralsund
Ruhrgebiet
Schwarzwald
Stuttgart
Sylt
Thüringen
Usedom
Weimar

ÖSTERREICH SCHWEIZ

Kärnten
Österreich
Salzburger Land
Schweiz
Steiermark
Tessin
Tirol
Wien
Zürich

FRANKREICH

Bretagne
Burgund
Côte d'Azur/Monaco
Elsass
Frankreich
Französische Atlantikküste
Korsika
Languedoc-Roussillon
Loire-Tal
Nizza/Antibes/Cannes/Monaco
Normandie
Paris
Provence

ITALIEN MALTA

Apulien
Dolomiten
Elba/Toskanischer Archipel
Emilia-Romagna
Florenz
Gardasee
Golf von Neapel
Ischia
Italien
Italienische Adria
Italien Nord
Italien Süd
Kalabrien
Ligurien/Cinque Terre
Mailand/Lombardei
Malta & Gozo
Oberital. Seen
Piemont/Turin
Rom
Sardinien
Sizilien/Liparische Inseln
Südtirol
Toskana
Venedig
Venetien & Friaul

SPANIEN PORTUGAL

Algarve
Andalusien
Azoren
Barcelona
Baskenland/Bilbao
Costa Blanca
Costa Brava
Costa del Sol/Granada
Fuerteventura
Gran Canaria
Ibiza/Formentera
Jakobsweg Spanien
La Gomera/El Hierro
Lanzarote
La Palma
Lissabon
Madeira
Madrid
Mallorca
Menorca
Portugal
Spanien
Teneriffa

NORDEUROPA

Bornholm
Dänemark
Finnland
Island
Kopenhagen
Norwegen
Oslo
Schweden
Stockholm
Südschweden

WESTEUROPA BENELUX

Amsterdam
Brüssel
Cornwall & Devon
Dublin
Edinburgh
England
Flandern
Irland
Kanalinseln
London
Luxemburg
Niederlande
Niederländische Küste
Oxford
Schottland
Südengland

OSTEUROPA

Baltikum
Budapest
Danzig
Krakau
Masurische Seen
Moskau
Plattensee
Polen
Polnische Ostseeküste/Danzig
Prag
Slowakei
St. Petersburg
Tallinn
Tschechien
Ungarn
Warschau

SÜDOSTEUROPA

Bulgarien
Bulgarische Schwarzmeerküste
Kroatische Küste Dalmatien
Kroatische Küste Istrien/Kvarner
Montenegro
Rumänien
Slowenien

GRIECHENLAND TÜRKEI ZYPERN

Athen
Chalkidikí/Thessaloníki
Griechenland Festland
Griechische Inseln/Ägäis
Istanbul
Korfu
Kos
Kreta
Peloponnes
Rhodos
Sámos
Santorin
Türkei
Türkische Südküste
Türkische Westküste
Zákinthos/Itháki/Kefalloniá/Léfkas
Zypern

NORDAMERIKA

Chicago und die Großen Seen
Florida
Hawai'i
Kalifornien
Kanada
Kanada Ost
Kanada West
Las Vegas
Los Angeles
New York
San Francisco
USA
USA Ost
USA Südstaaten/New Orleans
USA Südwest
USA West
Washington D.C.

MITTEL- UND SÜDAMERIKA

Argentinien
Brasilien
Chile
Costa Rica
Dominikanische Republik
Jamaika
Karibik/Große Antillen
Karibik/Kleine Antillen
Kuba
Mexiko
Peru & Bolivien
Yucatán

AFRIKA UND VORDERER ORIENT

Ägypten
Djerba/Südtunesien
Dubai
Iran
Israel
Jordanien
Kapstadt/Wine Lands/Garden Route
Kapverdische Inseln
Kenia
Marokko
Marrakesch
Namibia
Oman
Rotes Meer & Sinai
Südafrika
Tansania/Sansibar
Tunesien
Vereinigte Arabische Emirate

ASIEN

Bali/Lombok/Gilis
Bangkok
China
Hongkong/Macau
Indien
Indien/Der Süden
Japan
Kambodscha
Ko Samui/Ko Phangan
Krabi/Ko Phi Phi/Ko Lanta/Ko Jum
Malaysia
Myanmar
Nepal
Peking
Philippinen
Phuket
Shanghai
Singapur
Sri Lanka
Thailand
Tokio
Vietnam

INDISCHER OZEAN UND PAZIFIK

Australien
Malediven
Mauritius
Neuseeland
Seychellen

Viele MARCO POLO Reiseführer gibt es auch als eBook – und es kommen ständig neue dazu!
Checken Sie das aktuelle Angebot einfach auf: www.marcopolo.de/e-books

REGISTER

In diesem Register sind alle im Reiseführer erwähnten Orte, Ausflugsziele und die wichtigsten Sehenswürdigkeiten aufgeführt. Gefette Seitenzahlen verweisen auf den Haupteintrag.

SCHREIBEN SIE UNS!

Egal, was Ihnen Tolles im Urlaub begegnet oder Ihnen auf der Seele brennt, lassen Sie es uns wissen! Ob Lob, Kritik oder Ihr ganz persönlicher Tipp – die MARCO POLO Redaktion freut sich auf Ihre Infos.
Wir setzen alles dran, Ihnen möglichst aktuelle Informationen mit auf die Reise zu geben. Dennoch schleichen sich manchmal Fehler ein – trotz gründlicher Recherche unserer Autoren/innen. Sie haben sicherlich Verständnis, dass der Verlag dafür keine Haftung übernehmen kann.

MARCO POLO Redaktion
MAIRDUMONT
Postfach 31 51
73751 Ostfildern
info@marcopolo.de

IMPRESSUM
Titelbild: Malacca, historisches Zentrum (Laif/hemis.fr: B. Gardel)
Fotos: DuMont Bildarchiv: Kiedrowski (79); R. Freyer (47); Getty Images: P. Chernaev (3), D. und J. Heaton (72/73), C. Noble (108/109), A. Watson (74); Getty Images/AFP: M. Rasfan (18 M.); Getty Images/EyeEm: D. Nugraha (19 o.); Getty Images/Moment (86/87), N. Cuenca (2), D. Marti (96/97), Thant Zaw Wai (58/59); Getty Images/Moment/Rozikassim Photography (12/13); huber-images: R. Schmid (4 u., 54), K. Trubavin (88, 116 u.); huber-images/Picture Finders (20/21); KHOON HOOI: Vincent Paul Yong (18 o.); Laif: T. Gerber (22), A. Hub (11); Laif/hemis.fr: J.-P. Degas (52), B. Gardel (1 o.); Laif/Le Figaro Magazine (51), E. Martin (17); Laif/robertharding: J. Morgan (92), M. Williams (8); Look/age fotostock (6, 43); Look/Photononstop (77); M. Loose (1 u.); mauritius image /Minden Pictures: L. Ch´ien (85); mauritius images: S. Vidler (114); mauritius images/Alamy (Klappe r., 95, 106); mauritius images/Alamy /Travelscape Images (28 l.); mauritius images/Alamy: A. File (112), P. Kennedy (30), E. Lacoste (19 u.), A. Nekrasov (66, 116 o.), V. Palonen (10, 31), C. D. Sharkawi (112/113), M. Wakem (56); mauritius images/Alamy/ADS (7); mauritius images/Alamy/Beaconstox (30/31); mauritius images/Alamy/Crystite licenced (65); mauritius imagHervidees/Alamy/FLPA (9); mauritius images/Alamy/Photo Yom Lam (113); mauritius images/Alamy/Wild Places Photography: C. Howes (80, 117); mauritius images/DK images (Klappe l.); mauritius images/foodcollection: A. Stockley (26/27); mauritius images/hemis.fr: S. Cordier (100); mauritius images/imageBROKER: J. Beck (41), P. Williams (28 r.); mauritius images/robertharding: L. Tettoni (111); picture alliance: M. E. Pi (68); picture alliance/Bildagentur-online (91); Schapowalow: M. Borchi (63), R. Schmid (34, 36, 49); Schapowalow/4Corners: A. Stewart (14), R. Taylor (128/129); Schapowalow/SIME: M. Rellini (4 o., 32/33); O. Stadler (115); K. Thiele (25, 114/115); R. Thomas (38); vario images/AGF Creative (29); vario images/Cultura (44); vario images/RHPL (5, 60, 71, 83, 105); Woi Ling Gallery (18 u.)

8. Auflage 2018
Komplett überarbeitet und neu gestaltet

Chefredaktion: Marion Zorn; Autorin: Claudia Schneider; Bearbeiter: Mischa Loose; Redaktion: Jens Bey
Verlagsredaktion: Lucas Forst-Gill, Susanne Heimburger, Johanna Jiranek, Nikolai Michaelis, Martin Silbermann, Kristin Wittemann, Tim Wohlbold; Bildredaktion: Gabriele Forst, Veronika Plajer; Im Trend: Mischa Loose; wunder media, München; Kartografie Reiseatlas: © MAIRDUMONT, Ostfildern; Kartografie Faltkarte: © MAIRDUMONT, Ostfildern; Gestaltung Cover, S. 1, S. 2/3, Faltkartencover: Karl Anders – Büro für Visual Stories, Hamburg; Gestaltung innen: milchhof:atelier, Berlin; Gestaltung Erlebnistouren: Susan Chaaban Dipl.-Des. (FH)
Sprachführer: in Zusammenarbeit mit Ernst Klett Sprachen GmbH, Stuttgart, Redaktion PONS Wörterbücher

Printed in China

BLOSS NICHT

Einige Regeln einzuhalten, sorgt für einen unbeschwerten Urlaub

DROGEN NEHMEN

Schon der Besitz kleinster Mengen klassifiziert Sie als Händler, was (auch für Ausländer) den Gang zum Galgen zur Folge haben kann. Deshalb: Hände weg von jeder Art von Drogen, die Polizei ist wachsam!

FALSCH SCHENKEN

Chinesen sollten Sie Dinge nur in einer geraden Anzahl schenken – das verheißt Glück. Bei Langhausbesuchen ist es ratsam, kleine Mitbringsel dabeizuhaben, sie gehören zur Begrüßungszeremonie. Geschenke gibt und nimmt man immer mit der rechten Hand.

BENIMMREGELN MISSACHTEN

Schmusen oder gar Küssen in der Öffentlichkeit ist verpönt, nackt oder oben ohne zu baden landesweit untersagt. An der Ostküste sollten Sie dezente Kleidung tragen. Fremden auf die Schulter zu klopfen oder ihnen freundschaftlich über den Kopf zu streicheln wird als rüde empfunden, denn der Kopf ist der Sitz der Seele. Und deuten Sie nicht mit dem Finger auf Menschen, ein in die entsprechende Richtung weisendes Kopfnicken genügt und wird universell verstanden. Wohn- und Gebetshäuser betritt man generell barfuß, die Schuhe müssen draußen bleiben. Apropos Füße: Sie gelten als der geringwertigste und damit als der schmutzigste Körperteil. Beim Sitzen auf dem Boden schlägt man sie deshalb im Schneidersitz unter das Gesäß und erspart seinem Gegenüber so, die blanken oder auch beschuhten Fußsohlen ansehen zu müssen. Weniger verwestlichte Malaysier (z. B. auf dem Land lebende) würden dies als einen großen Affront empfinden und es als ein Zeichen äußerster Geringschätzung werten.

DAS GESICHT VERLIEREN

Malaysierinnen und Malaysier sind Gefühlsausbrüche und Schreien nicht gewöhnt. Wer auf diese Weise versucht, etwas durchzusetzen, wird sicher das Gegenteil bewirken. Die sonst sehr hilfsbereiten Menschen können dann äußerst stur werden. In einer Problemsituation ist es weit angemessener und führt sehr viel eher zu einer Lösung, sein Gegenüber um Rat oder Hilfe zu fragen, statt ihm seine Fehler vorzuhalten. Auf eine Frage versucht man immer zu antworten, auch wenn es falsch ist. Achten Sie jedenfalls darauf, dass niemand sein Gesicht verliert.

DAS MEER UNTERSCHÄTZEN

Beim Baden im Meer lauern einige Gefahren, denen Sie sich bewusst sein sollten. So kann es immer wieder zu starken Unterströmungen kommen, Seeigel stellen mancherorts (z. B. vor Pulau Tioman) eine Gefahr da, und gefährliche Quallen treten vermehrt an der Westküste vor Pulau Langkawi auf. Vor allem während des Monsuns kommt es zudem wegen der starken Brandung immer wieder zu tödlichen Boots- und Badeunfällen.